O ministério do
Espírito

Catalogação na Fonte
Elaborado por: Josefina A. S. Guedes
Bibliotecária CRB 9/870

R696
2019
	Rodrigues, Samuel
	    O ministério do Espírito / Samuel Rodrigues.
	1. ed.- Curitiba: Appris, 2019.
	    135 p. ; 21 cm
	
	    Inclui bibliografias
	    ISBN 978-85-473-3077-4
	
	1. Espírito Santo. 2. Vida cristã. I. Título.

CDD – 231.3

Editora e Livraria Appris Ltda.
Av. Manoel Ribas, 2265 – Mercês
Curitiba/PR – CEP: 80810-002
Tel: (41) 3156 - 4731
www.editoraappris.com.br

Printed in Brazil
Impresso no Brasil

Samuel Rodrigues

O ministério do
Espírito

Editora Appris Ltda.
1.ª Edição - Copyright© 2019 dos autores
Direitos de Edição Reservados à Editora Appris Ltda.

Nenhuma parte desta obra poderá ser utilizada indevidamente, sem estar de acordo com a Lei nº 9.610/98.
Se incorreções forem encontradas, serão de exclusiva responsabilidade de seus organizadores.
Foi realizado o Depósito Legal na Fundação Biblioteca Nacional, de acordo com as Leis nos 10.994, de 14/12/2004,
e 12.192, de 14/01/2010.

FICHA TÉCNICA

EDITORIAL	Augusto V. de A. Coelho
	Marli Caetano
	Sara C. de Andrade Coelho
COMITÊ EDITORIAL	Andréa Barbosa Gouveia (UFPR)
	Jacques de Lima Ferreira (UP)
	Marilda Aparecida Behrens (PUCPR)
	Ana El Achkar (UNIVERSO/RJ)
	Conrado Moreira Mendes (PUC-MG)
	Eliete Correia dos Santos (UEPB)
	Fabiano Santos (UERJ/IESP)
	Francinete Fernandes de Sousa (UEPB)
	Francisco Carlos Duarte (PUCPR)
	Francisco de Assis (Fiam-Faam, SP, Brasil)
	Juliana Reichert Assunção Tonelli (UEL)
	Maria Aparecida Barbosa (USP)
	Maria Helena Zamora (PUC-Rio)
	Maria Margarida de Andrade (Umack)
	Roque Ismael da Costa Güllich (UFFS)
	Toni Reis (UFPR)
	Valdomiro de Oliveira (UFPR)
	Valério Brusamolin (IFPR)
ASSESSORIA EDITORIAL	Alana Cabral
REVISÃO	Kelly Miranda
PRODUÇÃO EDITORIAL	Giuliano Ferraz
DIAGRAMAÇÃO	Jhonny Alves dos Reis
CAPA	Giuliano Ferraz
COMUNICAÇÃO	Carlos Eduardo Pereira
	Débora Nazário
	Karla Pipolo Olegário
LIVRARIAS E EVENTOS	Estevão Misael
GERÊNCIA DE FINANÇAS	Selma Maria Fernandes do Valle

*Dedico este livro àqueles que desejam ser cheios **do** Espírito Santo e se tornar um amigo íntimo dEle, mergulhando profundamente no infinito rio de águas vivas.*

Agradecimentos

Agradeço em especial o apoio que minha família sempre me deu. Em especial meus avós maternos, Samuel e Marilda. Também à minha mãe, Liliane Alves, que sempre me ensinou, pelo exemplo, valores que eu jamais esquecerei. Ao meu pai, Cairo Chaves, que sempre ajudou no que foi possível. À minha amada Karoline e ao meu irmão, Caio Augusto.

Prefácio

Falar sobre o Espírito Santo é algo maravilhoso. Escrever sobre Ele, melhor ainda. Sempre que mencionamos o nome Dele, seja na palavra falada ou escrita, fé e graça são automaticamente geradas em nosso coração.

Não foi diferente neste livro. Ao lê-lo ao longo de alguns dias, recebi muita graça em meu interior, além de ter ficado muito grato pelo escritor ter mencionado o meu nome. Não o li todos os dias seguidamente em virtude das exigências do meu trabalho como servidor público, mas os dias da minha leitura eram os melhores da semana.

De fato, tendo por título *O Ministério do Espírito*, escrito pelo jovem e talentoso Samuel Rodrigues da Costa Neto, obreiro da Igreja Apostólica Fonte da Vida, local onde tenho a honra de ser pastor, a mencionada obra traz importantes lições – bem fundamentadas na Bíblia Sagrada – acerca de quem verdadeiramente é e sobre a essencialidade do Espírito Santo na vida do verdadeiro cristão.

Dissertando com muito talento sobre o fruto do Espírito Santo, que se reparte em vários gomos; enfatizando a necessidade de buscá-lo em espírito e em verdade; discorrendo acerca dos dons espirituais, elucidando cada um deles e os diferenciando entre si, o livro mostra-se completo quanto aos objetivos do escritor: exaltar, consoante suas próprias palavras, "o nosso amigo mais íntimo".

A vida cristã sem a presença de Deus é vazia e sem sentido. Por esse motivo, a meu ver, é que surge a chamada religião vã. A religião por si só não liga o ser humano a Deus, não gera um verdadeiro relacionamento com o Criador. Esse papel é do Espírito Santo, que traz colorido à vida, sentido para caminhar neste mundo terreno.

Creio que o leitor deste magnífico livro por certo experimentará o que vivenciei quando tive a grata satisfação de conhecer seu conteúdo: a certeza de que não podemos estar na Terra desprovidos do Espírito Santo, que foi enviado por Cristo Jesus para nos consolar (João 16:7).

Nivair Vieira Borges
Pastor da Igreja Fonte da Vida

Sumário

Introdução.. 13

Capítulo 1

A importância do Espírito Santo 19

Capítulo 2

Meu amigo Espírito Santo.................................... 31

Espírito Santo como uma pomba 36

Capítulo 3

O sopro da vida... 43

Capítulo 4

O fruto do Espírito 51

Amor... 52

Gozo... 56

Paz.. 60

Longanimidade (paciência).................................. 63

Benignidade (delicadeza)................................... 66

Bondade 68

Fidelidade 71

Humildade.. 73

Domínio próprio 76

Conclusão 78

Capítulo 5

O Espírito da verdade 83

Cegueira espiritual 87
A luz do Espírito da verdade 93

Capítulo 6

Dons do Espírito Santo 103

Palavra de sabedoria 105
Palavra da ciência (ou palavra de conhecimento) 107
Discernimento de espíritos 108
Dom da Fé 110
Operação de maravilhas 112
Dons de curar 112
Profecia 114
Variedade de línguas 116
Interpretação de línguas 120
Como receber dons espirituais? 121
Fruto do Espírito x Dons do Espírito 126

Capítulo 7

O Deus Espírito Santo 131

Introdução

"Mas a todos quantos o receberam deu-lhes o poder de serem feitos filhos de Deus: aos que creem no seu nome."

João 1:12

A realização da missão de Jesus Cristo neste mundo trouxe um grande benefício para a humanidade: Ter a oportunidade de se tornar filho de Deus. Ter um pai como Esse não é nada mal, não é verdade?

E para entender um pouco melhor esta relação paternal divina precisamos ter noção desse relacionamento no mundo natural também. Deus instituiu a família logo na criação da humanidade, dando a Adão uma esposa e ordenando que se multiplicassem (Gênesis 1:28), ou seja, tivessem filhos.

Deus estava, neste momento, dando a oportunidade para o homem entender o quanto o amor do Senhor é imenso, como de um pai para com um filho.

A família é um projeto divino desde a criação, e isso é inegável. Por vários momentos nas Escrituras Sagradas vemos Deus sendo chamado de Pai, fazendo referência ao propósito inicial. E uma das estratégias de Satanás é destruir a família, distorcendo a visão dos filhos para com os pais, para que as pessoas não consigam entender o propósito desse relacionamento.

Pense só: um filho que cresceu sem conhecer o pai, ou mesmo que teve um pai que não lhe deu carinho. Uma relação de desprezo e grosseria. Como essa criança poderá entender o amor paternal de Deus por ela quando a Bíblia faz essa citação?

Pois bem, o inimigo trabalha muito para fazer com que as pessoas desacreditem em Deus, e o papel da igreja é lutar contra essa distorção, não aceitando isso.

Porém o foco principal aqui não é como essa visão foi distorcida, mas sim o seu objetivo inicial.

A ideia de Deus no relacionamento entre pais e filhos sempre foi e continua sendo de muito amor e carinho, de muita proteção e cuidado. Observe as palavras de Jesus:

> *"E qual o pai dentre vós que, se o filho lhe pedir pão, lhe dará uma pedra? Ou também, se lhe pedir peixe, lhe dará por peixe uma serpente? Ou também, se lhe pedir um ovo, lhe dará um escorpião? Pois, se vós, sendo maus, sabeis dar boas dádivas aos vossos filhos, quanto mais dará o Pai celestial o Espírito Santo àqueles que lho pedirem?"*

Lucas 11:11-13

Veja como Cristo cita, que mesmo o homem sendo mau continua tendo cuidado com os filhos, quanto mais nosso Deus que é bom.

Relacionamento paternal é de muita intimidade e respeito. Então, o Senhor sendo nosso Pai nos aconselha, corrige, orienta, guia, ensina, ama, dá carinho e repreende quando necessário. E como tudo isso é feito?

Mediante o Espírito Santo!

Fico muito empolgado pelo simples fato de você estar lendo este livro e por se interessar sobre esse assunto.

A minha oração é que, ao ler esta obra, você compreenda como o Espírito Santo é extremamente essencial na vida de um verdadeiro cristão e que, a partir de então, você tenha comunhão com Ele todos os dias da sua vida, todos os momentos. Vivendo intensamente os benefícios dessa relação.

Eu oro para que o próprio Espírito do Deus vivo revele-se a você nestes dias, que você tenha novas experiências com Ele e que sejam amigos íntimos, entrando em uma nova dimensão de revelação da Palavra.

Amém?!

Capítulo 1

A importância do Espírito Santo

Vivemos em uma época na qual as pessoas estão sendo chamadas de 'geração *fast food*'. Tudo tem que ser rápido, comida rápida, transporte rápido, atendimento rápido, culto rápido, oração rápida etc. Isso muito me preocupa, pois parece que as pessoas estão esquecendo, ou até mesmo deixando de entender o valor do Espírito Santo e a importância de conhecê-lo.

Por causa de toda essa pressa e ansiedade, temos perdido a sinceridade do nosso coração, tornando esse relacionamento superficial, impedindo-nos de aprofundar na imensidão do Senhor, querendo, a todo o momento, viver o 'novo de Deus', deixando de viver o que sempre existiu: o Espírito do Deus vivo.

Por isso, venho por meio deste capítulo, mostrar o quão importante é o Espírito Santo em nossas vidas. Como Ele é essencial e não opcional na vida de um verdadeiro cristão.

E, para entender melhor como o Espírito Santo tem um papel fundamental em todo o processo de redenção do homem, vou começar discorrendo sobre uma pregação que ouvi há algum tempo atrás.

Essa pregação, do pastor Luciano Subirá, falou muito ao meu coração e me fez entender mais ainda como é necessário o Espírito Santo em todo o projeto divino, além de explanar sobre a pregação, irei acrescentar algumas coisas que acho de fundamental importância para melhor compreensão.

Capítulo 1

Toda a explanação girou em torno das simbologias da parábola descrita em Lucas 10:25-37, em que Jesus tem uma conversa com certo doutor da lei. Cristo é questionado por ele sobre quem seria o seu 'próximo', então Jesus responde à pergunta usando uma parábola. Mas o interessante é que com isso Jesus parece dar uma resposta mais extensa do que o necessário para tal explicação.

Não podemos negar que o assunto principal é sobre a pergunta que foi feita, e que também o homem consegue entender quem realmente é o seu próximo, como podemos perceber nos versículos 36 e 37 de Lucas 10. Jesus, porém, nos deixa uma mensagem além do assunto principal, e precisamos analisar as simbologias dessa parábola para conseguir compreender o que também estava sendo dito por Cristo. Vamos estudá-la com bastante atenção e cuidado, pois essas figuras faziam mais sentido para as pessoas que estavam escutando naquela época devido a fatores culturais, geográficos e sociais.

Vamos à parábola:

> "E, respondendo Jesus, disse: Descia um homem de Jerusalém para Jericó, e caiu nas mãos dos salteadores, os quais o despojaram e, espancando-o, se retiraram, deixando-o meio morto. E, ocasionalmente, descia pelo mesmo caminho certo sacerdote; e, vendo-o, passou de largo. E, de igual modo, também um levita, chegando àquele lugar e vendo-o, passou de largo. Mas um samaritano que ia de viagem chegou ao pé dele e, vendo-o, moveu-se de íntima compaixão. E, aproximando-se, atou-lhe as feridas, aplicando-lhes azeite e vinho; e, pondo-o sobre a sua cavalgadura, levou-o para uma estalagem e cuidou dele; E, partindo ao outro dia, tirou dois dinheiros, e deu-os ao hospedeiro, e disse-lhe: Cuida dele, e tudo o que de mais gastares eu to pagarei, quando voltar."
>
> Lucas 10:30-35

Essa passagem bíblica traz um resumo de toda a história da humanidade. Desde sua queda até a sua redenção.

A importância do Espírito Santo

O versículo 30 afirma que um homem (*que aqui representa toda a humanidade*) descia de Jerusalém para Jericó! Isso mostra como o homem estava em uma situação de declínio, não só porque, geograficamente, Jerusalém está mais alta do que Jericó, mas também, porque Jerusalém representa, na Bíblia, um lugar de benção. Em Apocalipse percebemos todas as promessas sobre 'a nova Jerusalém'. Lá também era a cidade na qual o rei Davi morou (2º Samuel 20:3), ela foi a cidade em que Salomão construiu o primeiro templo para Deus (2º Crônicas 3:1), levando a arca da aliança para lá (1º Reis 8:1), que representava a presença de Deus, também foi a cidade escolhida por Deus dentre todas as tribos de Israel (1º Reis 11:32). Jericó, por outro lado, biblicamente, representa um lugar de maldição. Vemos como foi a derrubada dos muros de Jericó (Josué 6), e também as palavras de Josué logo em seguida:

> *"E, naquele tempo, Josué os esconjurou, dizendo: Maldito diante do Senhor seja o homem que se levantar e reedificar esta cidade de Jericó! Perdendo o seu primogênito, a fundará e sobre o seu filho mais novo lhe porá as portas."*

> *Josué 6:26*

Isso mostra como o homem entrou num processo de queda quando Eva deixou-se ser influenciada pela serpente, ao experimentar o fruto proibido por Deus.

> *"Então, a serpente disse à mulher: Certamente não morrereis... E, vendo a mulher que aquela árvore era <u>boa</u> para se comer, e <u>agradável</u> aos olhos, e árvore <u>desejável</u> para dar entendimento, tomou do seu fruto, e comeu, e deu também a seu marido, e ele comeu com ela."*

> *Gênesis 3:4/6 (Grifos do autor)*

Logo em seguida o homem caiu nas mãos dos salteadores (que representa Satanás e seus demônios), os quais, além de roubá-lo, também o deixou como reitera a Bíblia, 'meio morto'. Podemos afirmar que estava em um estado de coma. Isso tudo

Capítulo 1

representa como o pecado nos colocou em condição de morte (Romanos 7:11). Após comer do fruto proibido, do fruto da árvore do conhecimento do bem e do mal (Gênesis 2:17) e, assim, incapaz de se ajudar, incapaz de se levantar novamente.

> *"nenhum deles, de modo algum, pode remir a seu irmão ou dar a Deus o resgate dele, pois a redenção da sua alma é caríssima, e seus recursos se esgotariam antes;"*
>
> *Salmos 49:7-8*

O versículo 31 de Lucas 10 discorre sobre o sacerdote, e precisamos analisá-lo não como representando alguém, mas sim um período, o período de Adão até Moisés, em que reinou a morte:

> *"No entanto, a morte reinou desde <u>Adão até Moisés</u>, até sobre aqueles que não pecaram à semelhança da transgressão de Adão, o qual é a figura daquele que havia de vir."*
>
> *Romanos 5:14 (Grifos do autor)*

O sacerdote 'descia pelo mesmo caminho', isso demonstra como era a condição do sacerdote nesse período. Mesmo sendo uma figura religiosa, ele estava na mesma situação do homem caído.

Na parábola, a mensagem que é transmitida é que o sacerdote não quis ajudar o homem, mas na simbologia ele não tinha como socorrê-lo, pois esse era o período do reino da morte, em que todos estavam condenados por causa do pecado, e ninguém conseguiria ajudar a ninguém.

O sacerdócio nesse tempo não tinha um padrão definido, nós vemos Abraão sendo profeta, Melquisedeque, Jetro, mas não havia nada instituído por Deus, por isso a figura do sacerdote na parábola.

O levita representa o segundo período, de Moisés até Jesus, época em que a lei é estabelecida.

A importância do Espírito Santo

"Porque a lei foi dada por Moisés; a graça e a verdade vieram por Jesus Cristo."

João 1:17

A representação do levita mostra como um novo padrão foi definido. Agora o serviço sacerdotal é estabelecido por Deus e não é qualquer pessoa mais que pode exercer essa função. A tribo de Levi (os levitas) é designada por Deus para ser responsável por todos os serviços do tabernáculo (Números 3:5-10). Ou seja, agora todo sacerdote tem que ser um levita, apesar de nem todo levita ser sacerdote.

Só que, mesmo com tudo isso, ainda não há como ajudar o homem, pois o levita encontra-se na mesma situação. Ele vem de igual modo ao sacerdote, ou seja, descendo pelo mesmo caminho, mesma condição de impotência, não podendo ajudar o homem caído.

Então surge um terceiro personagem. O samaritano, *representando Jesus*, que vem em um caminho contrário ao dos outros, e é nesse momento que entendemos o mistério da redenção, visto que agora Jesus, vindo em forma de homem, porém sem pecado. Nascido de uma virgem, surgindo em uma nova condição, esse consegue ajudar a humanidade (Romanos 5:17).

"Porquanto, o que era impossível à lei, visto como estava enferma pela carne, Deus, enviando seu Filho em semelhança da carne do pecado, pelo pecado condenou o pecado na carne,"

Romanos 8:3

Jesus como samaritano tem uma simbologia muito profunda, pois os judeus não se davam com os samaritanos (João 4:9), mostrando o que os judeus fariam com Cristo, que viria para os Seus, mas os Seus O rejeitariam.

"Veio para o que era Seu, e os Seus não O receberam."

João 1:11

Capítulo 1

Os samaritanos eram um povo que, quando a Assíria dominou o reino do norte de Israel, a cidade de Samaria foi toda escravizada, e os assírios trouxeram diversos povos escravos de outras nações, para que o povo fosse miscigenado (2º Reis 17:24). Sendo assim uma mistura de judeus com gentios, perdendo sua identidade e cultura. Por causa disso os judeus afirmavam que os samaritanos não eram mais judeus, e então os desprezavam, afirmando que eles não tinham mais parte com a aliança de Deus por meio da lei. Com essa união de povos, de gentios com judeus, Jesus, nessa parábola, mostra que Ele seria quem, em um só corpo, uniria esses dois povos:

> *"...e, pela cruz, reconciliar ambos com Deus em um corpo, matando com ela as inimizades."*
>
> Efésios 2:16

O samaritano, movido de íntima compaixão, chega e aplica azeite e vinho no homem ferido. Veja como o azeite representa uma unção que lhe foi entregue (1ª João 2:27). Já o vinho, tem a representação do sangue de Cristo, na última ceia com os discípulos, Jesus afirma que o vinho representa o seu sangue (Lucas 22:20). Com todo o poder redentor do sangue:

> *"Bem aventurados aqueles que lavam as suas vestiduras no sangue do Cordeiro, para que tenham direito à árvore da vida e possam entrar na cidade pelas portas."*
>
> Apocalipse 22:14

Então esse homem é levado para uma hospedaria, onde o samaritano o deixa aos cuidados de um hospedeiro, até que ele retorne. E é aqui que vemos _a entrada do Espírito Santo,_ e sua importância no papel da salvação do homem.

> *"Todavia, digo-vos a verdade: convém que Eu vá, porque, se Eu não for, o Consolador não virá a vós; mas, se Eu for, enviar-vo-lo-ei."*
>
> João 16:7

A importância do Espírito Santo

Nós vemos como Jesus nos entregou nas mãos de um hospedeiro, o Espírito Santo, é aqui que vemos quem vai continuar a cuidar de nós até que Cristo volte.

> *"E da mesma maneira também o Espírito ajuda as nossas fraquezas; porque não sabemos o que havemos de pedir como convém, mas o mesmo Espírito intercede por nós com gemidos inexprimíveis."*

Romanos 8:26

Olhando pelo lado escatológico, o samaritano paga dois denários ao hospedeiro (um denário é o equivalente a um dia de trabalho). Logo, o hospedeiro já tinha garantido o pagamento para dois dias de trabalho, mas se passasse disso, o samaritano pagaria quando voltasse.

> *"E, partindo ao outro dia, tirou dois dinheiros* (ou 'denários', dependendo da versão), *e deu-os ao hospedeiro, e disse-lhe: Cuida dele, <u>e tudo o que de mais gastares eu to pagarei, QUANDO VOLTAR.</u>"*

Lucas 10:35 (Grifos do autor)

Tudo isso indica que a volta do samaritano se daria mais ou menos dois dias depois. A Bíblia afirma que um dia para Deus é como mil anos para nós (2ª Pedro 3:8). Será que Cristo estava dando a entender que sua volta seria mais ou menos dois mil anos depois de sua partida?

Realmente, essa parábola tem muito a dizer, mas o principal ponto que quero destacar é a função do Espírito Santo. Jesus veio ao nosso encontro, quando estávamos impossibilitados de nos levantar por conta própria, e Ele inicia o resgate, nos dá os primeiros socorros, mas depois nos coloca aos cuidados do Consolador, que tem a responsabilidade de cuidar de nós. Terminar de nos ajudar a sarar todas as feridas que restaram, <u>até que o próprio Jesus volte</u> para o desfecho glorioso, alcançando a plenitude da redenção, e assim teremos comunhão com Ele para sempre.

Capítulo 1

> *"Porque o mesmo Senhor descerá do céu com alarido, e com voz de arcanjo, e com a trombeta de Deus; e os que morreram em Cristo ressuscitarão primeiro; depois, nós, os que ficarmos vivos, seremos arrebatados juntamente com eles nas nuvens, a encontrar o Senhor nos ares, e assim <u>estaremos sempre unidos com o Senhor</u>."*
>
> 1ª Tessalonicenses 4:16-17 (Grifos do autor)

Por toda essa importância do Espírito Santo nesse processo de salvação, a Bíblia intitulou o período em que vivemos de 'o ministério do Espírito'.

> *"E, se o ministério da morte, gravado com letras em pedras, veio em glória, de maneira que os filhos de Israel não podiam fitar os olhos em Moisés, por causa da glória do seu rosto, a qual era transitória, como não será de maior glória O MINISTÉRIO DO ESPÍRITO?"*
>
> 2ª Coríntios 3:7-8 (Grifos do autor)

A igreja tem feito 'até bem' o papel de pregar sobre Jesus Cristo, sobre sua vinda nessa terra, sobre a sua crucificação, e por isso, faria mais sentido para nós se fosse chamado de 'ministério de Jesus'. Mas não, a própria Bíblia reconhece que agora vivemos o tempo do Santo Espírito. Não quero de forma alguma tirar a centralidade de Jesus, tudo gira em torno dEle. A função do Espírito é sempre exaltar a Jesus, sempre glorificar Jesus (João 16:14), mas temos que entender a importância do hospedeiro.

Em Romanos 7:6 nos é ensinada qual é a nova maneira de servir a Deus, não mais obedecendo à lei escrita, mas 'obedecendo ao Espírito de Deus'.

É esse Espírito, que agora vem para nos ajudar, para nos guiar, para segurar na nossa mão, para nos levar pelos caminhos corretos, para nos ensinar a orar, para interceder por nós, para cuidar das nossas feridas, para tratar de nossos machucados, e principalmente, para nos revelar a verdadeira natureza divina.

A importância do Espírito Santo

"Porque todos os que são guiados pelo Espírito de Deus, esses são filhos de Deus."

Romanos 8:14

O Espírito de Deus não é opcional, é essencial!

Capítulo 2

Meu amigo Espírito Santo

Para iniciarmos esse assunto precisamos entender algumas coisas:

O ser humano é formado de corpo, alma e espírito (1ª Tessalonicenses 5:23). A função do corpo é ligar o nosso espírito a este mundo, por meio dos cinco sentidos: tato, paladar, olfato, visão e audição. A nossa alma tem três funções: vontade (Jó 6:7), razão (Salmos 139:14) e emoção (1º Samuel 18:1). Já o espírito possui a consciência (Deuteronômio 2:30), a intuição (Marcos 2:8) e a comunhão (Romanos 1:9). Juntando corpo, alma e espírito o homem consegue ter consciência do mundo, de si mesmo e de Deus.

Gosto muito de uma explicação que ouvi certa vez, a qual afirma que "nós somos um espírito, possuímos uma alma e habitamos em um corpo", essa afirmação, em minha opinião, define precisamente a composição do ser humano.

Algo interessante a respeito da nossa formação é como Deus nos cria no Céu, ou seja, o nosso espírito. Depois vem à Terra e sopra esse mesmo espírito em nosso corpo formado do pó da terra.

> *"E disse Deus: Façamos o homem à Nossa imagem, conforme a Nossa semelhança, e domine sobre os peixes do mar, e sobre as aves dos céus, e sobre o gado, e sobre toda a terra, e sobre todo réptil que se move sobre a terra. E criou Deus o homem à Sua imagem; à imagem de Deus o criou; macho e fêmea os criou."*
>
> Gênesis 1:26-27 *(Grifos do autor)*

Capítulo 2

Vemos como o Senhor, lá no céu, por meio da sua palavra nos criou, afirmando como nós deveríamos ser. Contudo o Senhor estava criando ali o nosso espírito, pois Deus é Espírito (João 4:24), e quando Ele expressa que somos Sua imagem e semelhança, é do nosso espírito que Deus está falando.

> "E <u>formou</u> o Senhor Deus o homem do pó da terra e soprou em seus narizes o fôlego da vida; e o homem foi feito alma vivente."
>
> Gênesis 2:7 (Grifos do autor)

Nesse versículo podemos ver como Deus formou o nosso corpo, e depois soprou a vida em nós, ou seja, o espírito e com isso fomos feitos alma vivente.

E quando penso no Espírito Santo, eu não consigo vê-lo de forma diferente, como apenas uma fumaça, ou uma nuvem, ou só uma espécie de 'poder', que não tem emoções, e que está na Terra somente para cumprir um trabalho determinado, mas sim como um ser que possui uma alma, com sentimentos, vontades e pensamentos.

> "E não <u>entristeçais</u> o Espírito Santo de Deus, no qual estais selados para o Dia da redenção."
>
> Efésios 4:30 (Grifos do autor)

Podemos perceber que o Espírito de Deus possui sentimentos, porque como afirma o versículo, nós não devemos entristecê-lo, indicando que ele pode ficar triste. Vemos também em Isaías 63:10 como o povo de Israel foi rebelde, contristando o Espírito de Deus, que por sua vez se tornou inimigo daquele povo, pelejando contra eles.

Em Romanos 8:27, a Bíblia expõe que o Espírito tem intenções, mostrando que ele é um ser pensante, que possui um raciocínio.

O Consolador também tem vontades. Em Atos 16:6 podemos perceber como não era vontade dEle que Paulo, Silas e

Meu amigo Espírito Santo

Timóteo fossem anunciar o evangelho na Ásia, sendo impedidos de prosseguir viagem. Também quando o apóstolo Paulo está falando à igreja de Corinto sobre os dons espirituais, ele afirma que distribui os dons a cada um como quer, ou seja, de acordo com a sua vontade (1ª Coríntios 12:11).

Depois que adquiri essa consciência, de que o Auxiliador possui emoções, eu passei a ser muito mais cuidadoso com todas as minhas ações, analisando sempre com atenção antes de fazer qualquer coisa, imaginando se o que estou fazendo vai entristecer ou alegrar o Espírito Santo.

Certo, então nós acabamos de provar que o Espírito Santo tem uma alma (intelecto, emoções e vontade), e já sabemos claro, que ele próprio é um Espírito, e com isso já é o suficiente para começarmos a vê-Lo como uma pessoa e não somente um tipo de poder inanimado. Contudo para ele ser uma pessoa como nós, o que está faltando? Um corpo! Que tal emprestar o seu?

Faz bastante tempo que eu abri meus olhos e comecei a tratar o Espírito de Deus como um amigo, como uma pessoa que sempre quer o meu bem, acima de qualquer coisa, e que eu posso confiar nEle de todo o meu coração.

Tudo isso começou mais por uma necessidade, confesso! Meus pais se separaram quando eu era muito novo. Eu deveria ter aproximadamente uns 10 anos, quando passei a morar com minha mãe e meu irmão. Depois disso, meu pai acabou se afastando muito. Acho que cheguei a passar mais de dois anos sem saber notícias dele, onde ou como estava. Nós acabamos mudando de cidade, o que dificultou ainda mais o contato.

Nessa nova cidade (Gurupi, sul do estado do Tocantins), mudamos para um local que tinha uma igreja na mesma rua da minha casa. O que fez com que eu rapidamente me enturmasse com o pessoal dessa igreja, onde passei a congregar. Lembro, até hoje, que um dos dias mais difíceis para mim era o dia dos

Capítulo 2

pais. Eu passava o dia todo na igreja ajudando na organização, oferecendo toda ajuda que um adolescente poderia dar. Mas, quando chegava a hora do culto, a ficha caía, e nos primeiros anos eu nem sabia onde meu pai estava. Eu ia para minha casa, e chorava por horas, sem ninguém saber, nem mesmo minha mãe. O que mais me doía não era nem tanto por mim, mas ver que aquele dia também fazia meu irmão mais novo ficar com os olhos cheios de lágrimas. Que por causa de sua pouca idade, sofreu muito mais do que eu a ausência paterna.

Foi então, em um desses dolorosos dias, que me encontrei com o Espírito Santo. Mal sabia eu que depois desse dia eu passaria a ter um Pai muito mais presente do que eu sempre imaginava. Um Pai celestial, chegando para preencher todos os espaços do meu coração. Foi uma experiência única, que marcou minha vida para sempre. Atualmente vejo meu pai com mais frequência, passo férias com ele, essas coisas de pai e filho. Porém naquele dia eu passei a conhecer, por meio do Santo Espírito de Deus, o meu mais novo e melhor amigo.

Eu passo o dia conversando com Ele, falando coisas como: 'Bom dia Espírito Santo, como o Senhor está?'; 'O que devo fazer em relação a isso?'; 'Me explica esse texto da Bíblia'. Pode até parecer meio engraçado, mas fazendo isso eu estou em todo momento orando ao meu Deus, tendo uma relação de pai e filho, de mais intimidade com Ele, falando e sendo respondido. Fico encantado como o relacionamento do Espírito Santo com os apóstolos era profundo:

> *"Na verdade, pareceu bem ao Espírito Santo e a nós não vos impor mais encargo algum, senão estas coisas necessárias:"*
>
> *Atos 15:28*

Reparou no nível de intimidade? "Pareceu bem ao Espírito Santo e a nós", como se estivesse ao lado dos apóstolos conversando, discutindo, analisando o que deveria ser feito diante da situação, mas é nesse ponto que percebemos algo: Ele realmente estava! E também está, ainda hoje, do nosso lado, basta abrirmos espaço para entrarmos em um nível mais profundo de intimidade.

Esses pequenos diálogos com o Espírito Santo têm feito a diferença na minha vida, tenho começado a ter muitas experiências maravilhosas, coisas que nunca tinha provado antes.

Certo dia, um amigo meu me chamou para ajudá-lo a organizar o local onde ele iria ministrar um curso. Nós marcamos para estar lá às 7h da manhã do dia seguinte. Amanheceu, eu me arrumei, fui para o local, chegando lá eu estacionei o carro e liguei para o meu amigo para saber se ele já havia chegado, porém ele não havia acordado com o toque do despertador, e estava acordando naquele momento. Logo, demoraria um pouco para chegar. Enquanto esperava por ele, aumentei o volume do som do carro, e comecei a louvar e a orar a Deus, a partir disso foi sendo gerada uma atmosfera de adoração tamanha que eu não conseguia parar de cantar.

De repente chegou uma parte da música que dizia o seguinte: "Deus está levantando um novo povo/ Deus está sacudindo toda a terra/ Deus está separando seus profetas/ Um novo dia a amanhecer/ Uma nova história a se cumprir/ O choro já durou a noite, é chegado o amanhecer" (Fogo consumidor – Fernandinho), nesse momento eu senti braços me apertando, dando-me um abraço, foi nítido e real. Sem dúvidas o melhor abraço que já ganhei. Fui envolvido por uma sensação de paz que não existem palavras para descrever.

Isso só reforçou tudo o que eu já pensava sobre o Espírito Santo e, desde então, tenho tido experiências maravilhosas, e a cada dia quero mais e mais dEle.

"Mas a vereda dos justos é como a luz da aurora, que vai brilhando mais e mais até ser dia perfeito."

Provérbios 4:18 (Grifos do autor)

Capítulo 2

Espírito Santo como uma pomba

O Espírito Santo, em Mateus 3:16, após o batismo de Jesus nas águas do rio Jordão, desce dos céus em forma de uma pomba. Perceba como é interessante essa simbologia: Você já reparou em alguma pomba? É uma ave que não incomoda ninguém, se você joga grãos ela chega mais perto, se você espanta, ela foge, e ela nunca está brigando, nem tentando bicar ninguém, está sempre no seu canto, esperando que você dê espaço para ela.

O Espírito Santo é assim também, extremamente educado, não invade o seu espaço, não te obriga a nada, Ele está sempre ali, pronto e esperando que você abra espaço, se entregando para Ele. Mas à medida que você peca, rejeita a Sua presença, "espatantando-O".

Certo dia fui convidado para ministrar discipulado a um grupo de adolescentes da minha igreja, cujo tema era "Eu não me conformo com o meu pecado". Nessa ocasião procurei mostrar a eles como o Espírito Santo tem sentimentos e como o pecado faz com que Ele se entristeça, e que a maior motivação para eu não pecar não é porque se eu assim fizer isso trará consequências negativas para minha vida, ou mesmo me levar para o inferno. Mas o principal motivo para que eu não peque é justamente porque eu não quero ver o meu grande amigo, o meu maior amor triste ou até chorando por minha causa.

Talvez um dos grandes problemas das pessoas atualmente seja exatamente esse. Trabalhando com adolescentes, por várias vezes recebo perguntas do tipo: "Isso é pecado?"; "fazer aquilo é pecado?". As pessoas estão buscando o limite, até onde elas podem ir, com uma aparente preocupação com o pecado, vivendo apenas no limite da vontade de Deus, e não no centro dessa vontade.

Podemos analisar a história do jovem José, assim que ele é levado para o Egito, rapidamente conquista a confiança de Potifar, sendo colocado como administrador de toda a sua casa. Mas a mulher do seu senhor tentou fazer com que José se deitasse com ela. E por várias vezes ela tenta conseguir isso. Porém observe a resposta de José para ela:

> *"Ninguém há maior do que eu nesta casa, e nenhuma coisa me vedou, senão a ti, porquanto tu és sua mulher; como, pois, faria eu este tamanho mal e pecaria contra Deus?"*

Gênesis 39:9 (Grifos do autor)

Veja como a preocupação dele não era pecar contra Potifar, nem em ser preso ou morto por causa desse pecado, mas o que José não poderia admitir de forma alguma era pecar contra Deus. Assim tem que ser o nosso relacionamento com o Espírito Santo, nós não podemos admitir pecar contra ele, temos que ter esse inconformismo com o pecado.

Pouco tempo depois de ministrar esse discipulado, lendo o livro *Bem-vindo, Espírito Santo* de Benny Hinn, deparei-me com uma história que o autor contou sobre um culto em que ele participava e que, por um momento, a ministra Kathryn Kuhlman parou de falar, e ficou com a cabeça abaixada. Depois de alguns minutos assim, ela levanta, e com os olhos cheios de lágrimas, explana diante de uma igreja lotada: "Por favor, não entristeçam o Espírito Santo. Não magoem Quem eu amo. Ele é mais real do que qualquer coisa neste mundo. Ele é mais real, para mim, do que vocês." Percebemos o nível de relacionamento entre Deus e essa mulher que ficava tão comovida ao ver pessoas desagradando ao Espírito do Senhor.

Mas e quando mesmo com isso tudo, nós acabamos cedendo ao pecado?

Capítulo 2

Deus então espera de nós um coração arrependido. Observe a reação do discípulo Simão Pedro quando nega a Jesus por três vezes:

> "E, virando-se o Senhor, olhou para Pedro, e Pedro lembrou-se da palavra do Senhor, como lhe tinha dito: Antes que o galo cante hoje, me negarás três vezes. E, saindo Pedro para fora, <u>chorou amargamente</u>."

Mateus 26:75 (Grifos do autor)

Pedro não conseguiu conter-se ao perceber que acabara de pecar contra Jesus, ele se arrepende, e chora amargamente. Observe como a Bíblia destaca o choro de Pedro. Não foi um simples choro, ele chorou amargamente, foi um choro intenso, foi um grande arrependimento.

Pedro se arrependeu tanto, ficou se sentindo tão mal, que abandonou o discipulado de Jesus, e voltou a ser pescador. Veja que logo após a ressurreição de Jesus, o anjo aparece a três mulheres, Maria Madalena, Salomé e Maria, mãe de Tiago, quando elas iam perfumar o corpo de Cristo, e fala para elas irem dizer aos discípulos e, <u>também a Pedro,</u> que Jesus havia ressuscitado (Marcos 16:7). Isso mostra como Pedro já não estava mais com os discípulos.

Com tamanho arrependimento de Pedro vemos como depois Jesus o chama novamente (João 21:17), e Pedro torna-se um homem tão cheio do Espírito Santo e ousado que, com apenas um sermão, quase três mil pessoas se converteram (Atos 2:41).

Também Davi, após o profeta Natã vir a ele, por ter estado com Bate-Seba, escreve uma das orações mais lindas da Bíblia. Uma oração de arrependimento, pela qual ele clama a Deus por misericórdia, confessando que contra Deus e, somente contra Deus, ele havia pecado (Salmo 51). Vemos que nessa mesma oração ele clama, no versículo 11, para que Deus não o lance fora da Sua presença e não retires o <u>Espírito Santo</u> dele.

38

Meu amigo Espírito Santo

"Não me lances fora da tua presença e não retires de mim o teu Espírito Santo".

Salmo 51:11

Davi mostrou-se ser um verdadeiro adorador, pois não aceitou viver sem a presença do Altíssimo. Por isso foi chamado de homem segundo o coração de Deus, e foi tão abençoado, que conquistou mais nações do que o próprio Josué, que foi responsável por conquistar a terra de Canaã quando o povo de Israel chega à terra prometida. A Bíblia expõe que quando Salomão assumiu o reinado de Israel havia paz em todas as bandas ao seu redor (1º Reis 4:24), tamanhas tinham sido as conquistas de Davi, seu pai.

É esse mesmo espírito de arrependimento que tem que ecoar em nossos corações todas as vezes que nós entristecermos o nosso Deus, o nosso melhor amigo. E isso deve gerar transformação no nosso íntimo, obedecendo ao "vá, e não peques mais". Devemos preservar nossa relação com esse Amigo com todas as nossas forças, custe o que custar.

Jesus preza tanto pelo Auxiliador, que em Marcos 3:29, ele fala algo parecido como: olha, se vocês cometerem qualquer pecado, e até blasfemarem contra mim ou contra meu Pai, que está nos céus, pode até ser que vocês consigam sem perdoados, mas, se vocês fizerem tal coisa contra o meu amigo Espírito Santo, jamais receberão perdão.

Eu desafio você a experimentar a conversar com o Espírito Santo todo dia, e o dia todo. Conversar sobre tudo, desde os assuntos mais importantes até os menos importantes. Fazer dEle o seu melhor amigo.

Isso fará a diferença!

Capítulo 3

O sopro da vida

"E porei em vós o meu Espírito, e vivereis, e vos porei na vossa terra, e saberei que Eu, o Senhor, disse isso e o fiz, diz o Senhor."

Ezequiel 37:14 (Grifos do autor)

O versículo acima revela Deus falando ao profeta Ezequiel, após levá-lo, em espírito, para mostrar a visão do grande vale de ossos secos, pelo qual o Senhor manda que ele profetize para que os ossos se ajuntem. Então Ezequiel obedece e profetiza sobre o vale. Em seguida os ossos começam a se agrupar cada osso ao seu osso, e surgem nervos, e logo cresce carne e pele. Porém o corpo estava sem espírito, e o profeta proclama mais uma vez, então vem vento de todos os lados, e o espírito sopra sobre aqueles corpos, e a vida entra neles.

Ao final da visão, Deus explica para o profeta que os ossos secos representam a casa de Israel, e como eles estavam sem esperança. Então o Senhor manda que ele profetize sobre a nação, e assim ele colocará o Espírito Santo sobre eles, e viverão novamente.

Vemos nesse episódio como o Espírito de Deus traz vida, como ele tem poder para nos reanimar.

"Pois foi o Espírito de Deus que me fez, e é o sopro do Todo-Poderoso que me dá vida."

Jó 33:4 (NTLH)

Capítulo 3

Esse sopro é muito real em minha vida. Certa vez, em um culto, durante um momento muito forte de adoração e louvor, eu estava louvando com toda a sinceridade do meu coração quando de repente comecei a sentir um vento soprar sobre a minha face. Curioso, abri os olhos para tentar entender de onde vinha aquela brisa. Olhava para o teto procurando ventiladores, tentava achar algum lugar para poder explicar aquela entrada de ar. Eu estava em um local longe de qualquer ar-condicionado, e esse salão só possuía uma única porta, lá no fundo, e nem dava acesso direto para a rua.

Não havia explicação natural para aquele vento estar batendo no meu rosto. E cada vez mais eu me enchia da presença de Deus. A partir daquele dia, eu fui tomado por ousadia e convicção inexplicável, perdendo muito da minha timidez. Gosto de dizer que naquele dia senti o 'sopro da vida'.

Nossa vida é feita de escolhas. Deus não nos obriga a nada, porque ele mesmo escolheu nos dar o livre-arbítrio. E, por isso, muitas vezes as pessoas escolhem viver uma vida cheia de preocupações, passam a confiar na própria força ou na instabilidade deste mundo. Esquecem que são estrangeiros nesta terra, e assim não entregam o controle de suas vidas ao Espírito Santo, e logo ficam mortas espiritualmente.

É tanto trabalho! A pessoa acorda cedo para ir trabalhar, almoça correndo, às vezes faz algumas tarefas durante o horário de almoço. Volta para o serviço, passa a tarde toda em um alto nível de estresse e de pressão. Acaba tendo que sair um pouco mais tarde para conseguir terminar alguma tarefa urgente, só que, como não foi possível, é necessário levar trabalho para terminar em casa, e passa o resto da noite ocupado, quando finalmente consegue concluir, paff! Cai na cama exausto e dorme, para no dia seguinte repetir a mesma rotina.

Mas afinal, qual o problema em trabalhar demais? A própria Bíblia fala que do suor do nosso rosto comeremos o nosso pão (Gênesis 3:19). O problema não está em trabalhar demais.

O sopro da vida

O problema está em nosso trabalho passar a ocupar o primeiro lugar em nossa vida, e trabalhar de maneira tal que não tenhamos mais tempo para buscar a Deus, para adorá-lo, para fazer a obra do Senhor.

Uma das estratégias de Satanás sempre foi ocupar o homem roubando-lhe o tempo. Quando Moisés foi ao encontro de Faraó pedindo-lhe que libertasse o povo de Deus, repare na resposta e estratégia de Faraó:

> *"Daqui em diante não tornareis a dar palha ao povo, para fazer tijolos, como fizestes ontem e anteontem; vão eles mesmos e colham palha para si. E lhes imporeis a conta dos tijolos que fizeram ontem e anteontem; nada diminuireis dela, porque eles estão ociosos; por isso, clamam, dizendo: vamos, sacrifiquemos ao nosso Deus. Agrave-se o serviço sobre estes homens, para que se ocupem nele e não confiem em palavras de mentira."*

> *Êxodo 5:7-9*

Vemos como o rei do Egito aumenta a carga dos hebreus para que eles não tivessem tempo para pensar em sacrifícios para Deus. E é isso que Satanás tenta fazer hoje também, aumentando nossas cargas, para que nos esqueçamos de sacrificar ao nosso Senhor.

O nosso trabalho tem que ser benção na nossa vida, e não maldição, não pode ser algo que nos afaste de Deus.

Noé passou por uma situação que pode nos explicar bem como não devemos agir. Em Gênesis 9:20-21, Noé acabara de descer da arca após passar longo tempo sem pisar em terra firme, ele planta uma vinha, e se embriaga do fruto dela. Com isso ele fica nu, e seu filho Cam vê a sua nudez e como consequência, é gerada uma maldição para uma nação inteira, a nação de Canaã.

Então o que fazer? Parar de trabalhar? De modo algum! O que devemos realmente fazer é permitir que o Espírito da vida habite em nós a todo o momento, seja onde for.

Capítulo 3

Durante grande parte da minha adolescência eu tinha o seguinte pensamento: vou estudar bastante agora, depois fazer faculdade, então conseguirei um bom emprego, que me dê uma excelente estabilidade financeira, depois me caso e, a partir disso, vou ajudar no Reino de Deus. Porém quando me deparei com o seguinte versículo, meu pensamento mudou totalmente:

> "Proclamai isso entre as nações, santificai uma guerra; suscitai os valentes; cheguem-se, subam todos os homens de guerra. <u>Forjai espadas das vossas enxadas e lanças das vossas foices</u>; diga o fraco: Eu sou forte."
>
> Joel 3:9-10 (Grifos do autor)

Deus quer que usemos as ferramentas que temos em mãos para guerrear, seja no trabalho, seja na escola, seja na faculdade ou em qualquer outro lugar. O Senhor quer que usemos isso para trabalhar para ele, "forjai espadas das vossas enxadas". Isso é entregar o controle para o Espírito de Deus, deixar que ele nos dê vida aonde quer que estejamos, para que nós possamos estar em contato com Ele continuamente, tendo vida, e vida em abundância.

O Espírito Santo vem para trazer vida, e nós devemos nos entregar a Ele para experimentar a verdadeira vida, fugindo de tudo que nos rouba dEle, de tudo que afasta Sua santa presença de nós.

Uma das coisas que afasta o Espírito de nós é o pecado (Isaías 59:2). E a Bíblia disserta que o salário do pecado é, justamente, a morte (Romanos 6:23). Perceba a relação entre a ausência do Espírito Santo e a morte, se não O temos, logo morremos espiritualmente. Ele é a única fonte de vida!

> "Porque a inclinação da carne é morte; mas a inclinação do Espírito é vida e paz."
>
> Romanos 8:6

Vemos outra relação entre o Espírito Santo e a vida quando, logo após a ressurreição de Jesus Cristo, no momento em que os apóstolos estavam escondidos, com as portas trancadas, com medo dos judeus, Cristo aparece diante deles, se apresenta, e soprando sobre eles afirma: "Recebei o Espírito Santo".

Naquele momento os discípulos estavam com medo, tristes, desanimados, perdendo as esperanças, mas Jesus muda todo o cenário com sua chegada e com o SOPRO DA VIDA em cada um deles. Então eles são tomados de alegria, tanto por verem que Jesus estava vivo, quanto por terem dentro de si alguém que os guiará, que os fará lembrar que o Messias vive também dentro de cada um de nós. Creio que nesse dia eles sentiram algo parecido como o que Adão sentiu quando Deus soprou o espírito em seu corpo, na criação.

Precisamos também entender algo:

> *"Quem não é comigo é contra mim; e quem comigo não ajunta espalha."*
>
> *Mateus 12:30*

Essas palavras de Cristo foram ditas logo após uma discussão sobre quem dava autoridade para Jesus expulsar os demônios. Enquanto a multidão, admirada, dizia que era Ele o Messias, os fariseus começaram a afirmar que era Belzebu que dava autoridade para que Ele expulsasse aqueles espíritos malignos. Jesus começa a falar de como Satanás combateria sua própria casa, e então faz a afirmação que, quem não ajunta espalha.

O que podemos perceber com essas palavras de Jesus é que no reino espiritual não existe meio termo, as coisas que não vêm para santificar ou ajudar acabam atrapalhando. E trazendo isso para uma visão de como age o Espírito Santo em nosso meio, tudo que não nos leva para perto dEle acaba nos afastando de Sua presença.

Certa vez me perguntaram qual é o problema de escutar músicas seculares que também falavam de amor. Esse realmente parece ser um assunto polêmico, em que várias pessoas têm opiniões diferentes, mas o que respondi foi exatamente isso.

Capítulo 3

Tudo que não nos leva para perto de Deus, acaba nos afastando, mesmo não parecendo ser pecado ou não sendo, acaba nos distanciando do Senhor, e isso se torna pecado. De uma mesma fonte não pode jorrar água doce e água salgada, luz não se mistura com trevas.

Temos que ser luz, temos que ser sal, temos que dar gosto a esse mundo.

Tudo isso só é possível se o Espírito da vida estiver em nós, o mesmo Espírito que reavivou a Jesus Cristo:

> *"E, se o Espírito daquele que dos mortos ressuscitou a Jesus habita em vós, aquele que dos mortos ressuscitou a Cristo também vivificará o vosso corpo mortal, pelo seu Espírito que em vós habita".*

Romanos 8:11

> "Sem a presença do Espírito não há convicção, nem regeneração, nem santificação, nem purificação, e nem obras aceitáveis... A vida está no Espírito vivificador."

W. A. Criswell

É esse Espírito que é soprado em nós, que traz a vida, traz a certeza de que somos filhos do Deus Altíssimo, e testifica que, um dia, seremos, com Jesus, glorificados! Aleluia!

Capítulo 4

O fruto do Espírito

"Mas o fruto do Espírito é: amor, gozo, paz, longanimidade, benignidade, bondade, fidelidade, humildade, domínio próprio. Contra essas coisas não há lei. E os que são de Cristo crucificaram a carne com as suas paixões e concupiscências. Se vivemos no Espírito, <u>andemos também no Espírito</u>,"

Gálatas 5:22-25 (Grifos do autor)

Quando temos o Espírito Santo dentro de nossas vidas, isso começa a refletir para fora, começa a gerar resultados, nós começamos a ser transformados. Ele gera em nós o Seu fruto, que são características que vão sendo criadas ou aperfeiçoadas em nós.

Ao longo de uma vida cristã, a tendência é que esse fruto seja cada vez mais evidente e mais notável. E isso tem que ser desenvolvido, pois Cristo tinha esse fruto, e nós temos que ser imitadores de Jesus (1ª Tessalonicenses 1:6).

Quero neste capítulo explicar cada parte desse fruto, descrito em Gálatas 5:22, com o objetivo de entendermos como uma pessoa cheia do Espírito Santo deve andar.

Quero também que você entenda uma coisa: ou a pessoa tem todas essas características, mesmo que algumas não estejam tão aperfeiçoadas ou não tem nenhuma, pois ou tem o Espírito de Deus ou não O tem. Então pense nesse fruto como se fosse uma tangerina (ou mexerica), em que o fruto é apenas um, mas possui vários gomos, e cada característica a seguir é um gomo desse fruto.

Capítulo 4

Amor

O primeiro gomo desse fruto não poderia ser outro. O amor é o grande mandamento, Jesus falou tanto de amor, e o principal, Ele nos amou primeiro. Ele não só falou, mas Ele é a própria prova de amor do nosso Deus por nós (João 3:16).

> *"Mestre, qual é o grande mandamento da lei? E Jesus disse-lhe: Amarás o Senhor, teu Deus, de todo o teu coração, e de toda a tua alma, e de todo o teu pensamento. Este é o primeiro e grande mandamento. E o segundo, semelhante a este, é: Amarás o teu próximo como a ti mesmo. Destes dois mandamentos dependem toda a Lei e os Profetas."*
>
> Mateus 22:36-40

Os dois primeiros mandamentos são sobre amor, primeiramente a Deus, e depois ao próximo. O interessante é como a Bíblia enfatiza não só o ato de amar, mas de amar com intensidade, com todo o nosso ser.

Acho incrível quando a Bíblia relata em Romanos 5, a partir do versículo 6, como o amor de Deus por nós foi provado, mesmo quando ainda éramos pecadores, e éramos considerados inimigos de Deus, estávamos afastados dEle. Ele foi capaz de se entregar por nós por intermédio de Jesus.

Imagina agora que somos feitos filhos dEle, como é o seu amor! Nada será capaz de nos separar desse amor, nem a altura, nem a profundidade, nem qualquer criatura. O mínimo que podemos fazer é retribuir com todas as nossas forças esse amor inesgotável, esse amor infinito (2ª Coríntios 4:11).

Durante todo o Novo Testamento, a Bíblia fala muito sobre amar ao próximo. Todas as cartas têm pelo menos um versículo falando de amor, então nós não podemos tratar isso de qualquer maneira, nem deixar de lado a prática do amor.

O fruto do Espírito

Mas não é só no Novo Testamento que vemos como o amor é importante. Um dos referenciais para mim é Moisés, como ele amou aquele povo do Egito, como ele se doou por eles e nunca mediu esforços para que eles estivessem bem, apesar de tantas vezes o povo falhar.

Em Números 20, a Bíblia relata como Moisés se enfureceu com o povo, quando eles reclamavam da falta de água, e o Senhor mandou que Moisés falasse para sair água da rocha perante toda a congregação. E ele, movido por sentimento de raiva, feriu a rocha duas vezes com sua vara e, por causa disso, Moisés e Arão não puderam entrar na terra prometida (Deuteronômio 1:37).

O que mais me impressiona com tudo isso é que Moisés continuava a interceder pelo povo, mesmo após esse povo ter feito ele se irar e, assim, perder a oportunidade de desfrutar da terra da promessa.

A Bíblia relata em Deuteronômio 9:25 que Moisés chegou a ficar 40 dias e 40 noites ajoelhado, orando em favor do povo, porque Deus queria destruí-los. Isso é uma grande demonstração de como ele amava aquele povo. Em outra ocasião Moisés foi capaz de falar para Deus que se fosse destruir o povo, ele queria morrer com eles.

O amor tem que fazer parte de uma pessoa que é cheia do Espírito Santo.

Uma das estratégias de Satanás é justamente esfriar o amor. A Bíblia, inclusive, relata que "por se multiplicar a iniquidade, o amor de muitos se esfriaria" (Mt 24:12), exatamente porque onde há iniquidade não há o Espírito Santo.

É por meio do amor que somos conhecidos como discípulos de Cristo (João 13:35), e somos chamados a permanecer nesse amor:

Capítulo 4

> *"Como o Pai me amou, assim também eu vos amei; permanecei no meu amor."*
>
> João 15:9

Voltando ao Novo Testamento, vemos como o amor de Paulo também é enorme, quando ele faz a seguinte afirmação:

> *"Porque eu mesmo desejaria ser separado de Cristo, <u>por amor de meus irmãos</u>, que são meus parentes segundo a carne;"*
>
> Romanos 9:3 (Grifos do autor)

Paulo é capaz de afirmar que aceitaria ser separado de Cristo, pelo seu amor ao próximo. Ser separado de Cristo significa perder a salvação, ele afirma então que aceitaria ir para o inferno, um lugar onde Deus não estaria. Isso é amor ao próximo, amar como a si mesmo.

Sem o amor, de que valem os dons espirituais?

> *"Ainda que eu falasse as línguas dos homens e dos anjos e não tivesse amor, seria como o metal que soa ou como o sino que retine. E ainda que tivesse o dom de profecia, e conhecesse todos os mistérios e toda a ciência, e ainda que tivesse toda a fé, de maneira tal que transportasse os montes, e não tivesse amor, nada seria. E ainda que distribuísse toda a minha fortuna para sustento dos pobres, e ainda que entregasse o meu corpo para ser queimado, e não tivesse amor, nada disso me aproveitaria."*
>
> 1ª Coríntios 13:1-3

Como é forte esse texto, como é forte!

Já faz alguns meses que tenho ido aos hospitais orar pela cura das pessoas, e também aos presídios com o intuito evangelístico. Isso tem gerado um amor por essas pessoas, principalmente pelos detentos. Minha visão foi aberta, ali estão pessoas que erraram e que precisam ser amadas. Deus não ama o pecado, mas ama o pecador.

O fruto do Espírito

Quando comecei a ir aos presídios fui recomendado a não perguntar o motivo pelo qual aquelas pessoas estavam ali, a princípio eu não via problema em perguntar isso a eles.

Mas depois fui percebendo que, quando nós descobríamos qual crime a pessoa havia cometido isso afetava a nossa forma de olhar para elas, criando um bloqueio, pois ficava difícil amar uma pessoa que tinha estuprado uma criança de 7 anos, por exemplo.

Então é aí que devemos parar de olhar para o pecado e olhar para uma alma que pode se perder no inferno. E essa oportunidade de conversar com ela talvez possa ser a única que ela terá em toda a sua vida de conhecer a Jesus Cristo, se arrepender de seus pecados e ter uma vida transformada, conquistando o prêmio da vida eterna.

Nos hospitais já é bem diferente, porque ali nos deparamos com pessoas debilitadas, enfermas, e com o semblante de passividade, retraída, as quais já foram ali porque reconheceram que precisavam da ajuda dos médicos e enfermeiros, e que não conseguiriam se cuidar sozinhas.

Com isso já se torna um ambiente em que as pessoas acabam te recebendo melhor. Amar essas pessoas torna-se mais fácil.

São várias situações que nos deparamos em nossas vidas em que amar o próximo, por vezes, parece mais fácil e outros momentos parece quase impossível. Mas uma coisa é certa, com o Espírito Santo em nós, o amor é fortalecido, vencemos qualquer tipo de impedimento ou bloqueio e, assim, conseguiremos amar ao próximo como Cristo nos amou primeiro, acima de todo entendimento.

> *"E, sobre tudo isto, revesti-vos de amor, que é o vínculo da perfeição."*
>
> *Colossenses 3:14*

Capítulo 4

"Nisto conhecemos o amor: que Cristo deu a sua vida por nós; e nós devemos dar a vida pelos irmãos."

1ª João 3:16

"Aquele que não ama não conhece a Deus; porque Deus é amor."

1ª João 4:8

Ame! Ame! Ame!

Gozo

"Tenho vos dito isso para que a minha alegria permaneça em vós, e a vossa alegria seja completa."

João 15:11

Jesus declarou as palavras acima quando ensinava aos discípulos como eles deveriam agir. Como eles deveriam sempre estar ligados a Ele, pois Ele é a videira e nós os seus ramos, e só pode dar fruto o ramo que estiver ligado na videira verdadeira.

Ditas essas palavras, Cristo nos afirma que o objetivo é que a sua alegria permaneça em nós, a fim de que a nossa alegria torne-se completa.

Um cristão cheio do Espírito Santo tem a certeza de que é um ramo dessa grande árvore, e assim tem a alegria de viver conectado com Cristo. Ele tem o gozo de saber que caminha para a vida eterna, e que viverá em um lugar que jamais conseguiria imaginar o quão bom é.

"Portanto, está alegre o meu coração e se regozija a minha glória; também a minha carne repousará segura. Pois não deixarás a minha alma no inferno, nem permitirás que o teu Santo veja corrupção. Far-me-ás ver a vereda da vida; na tua presença há abundância de alegrias; à tua mão direita há delícias perpetuamente."

Salmo 16:9-11

O fruto do Espírito

Essa alegria deve estar sempre em nossos corações. Nada e nem ninguém nos poderá tirá-la (João 16:22).

Meus avôs e meus pastores mais antigos relatam como antigamente os cristãos eram mais sorridentes, como eles contagiavam as pessoas com a forma alegre de viver, e como isso tem acabado nos dias atuais.

Eles contam que quando os crentes iam para o hospital, por exemplo, mesmo estando doentes, às vezes bem debilitados, eles conseguiam contagiar aquele ambiente. O sorriso no rosto acabava impressionando médicos e enfermeiras, e muitas vezes ganhavam almas naquele lugar.

Despertavam, pois, a curiosidade das pessoas. Elas queriam saber o que eles tinham de diferente que trazia tanta alegria em suas vidas. Esses irmãos levavam a felicidade para um ambiente tão triste, davam gosto para aquele lugar tão sem graça, tão cheio de morte! ERAM O SAL.

Realmente eu percebo que hoje é difícil diferenciar um cristão de um não cristão durante o dia a dia. Parece que todo mundo é igual no meio de tanta correria.

As pessoas andam tão preocupadas com as coisas deste mundo que se esquecem de que só estão aqui de passagem, e por isso, a alegria do Espírito Santo vai sendo engolida em meio a essa onda de amargura.

Observe como os discípulos eram pessoas alegres no Espírito de Deus:

> *"E os discípulos estavam cheios de alegria e do Espírito Santo."*

> *Atos 13:52*

Os discípulos passavam por tantas dificuldades, por tantas perseguições, muitas vezes eram presos, chicoteados, deixados quase mortos, mas uma coisa eles nunca deixavam de ser: feli-

Capítulo 4

zes! Pois eles sabiam da glória que estava por vir, eles sabiam que tudo valeria a pena, e como o nome de Jesus estava sendo espalhado em todos os lugares que eles passavam.

No capítulo 5 de Atos é relatada a ocasião em que os apóstolos são chamados pelo conselho superior para darem explicações sobre as palavras que anunciavam ao povo de Jerusalém. Então, depois de algumas argumentações dos apóstolos, e de posterior intervenção de um dos membros do conselho, chamado Gamaliel, os discípulos foram chicoteados e mandados embora, e com a ordem de não pregarem mais a palavra do Senhor. Só que o que impressiona é a alegria com que eles saem depois de serem chicoteados. Repare:

> *"Os apóstolos saíram do Conselho muito alegres porque Deus havia achado que eles eram dignos de serem insultados por serem seguidores de Jesus."*
>
> Atos 5:41 (Grifos do autor)

Essa alegria incondicional só o Espírito de Deus pode gerar em nós!

Muitos podem pensar: 'Mas é utopia querer ser como os discípulos'. Eu digo que não é utopia, e mais: não temos que querer ser como os discípulos, e sim como o Discipulador!

Os discípulos eram seres normais como todos nós, com suas falhas, seus defeitos, que por vezes até discutiam entre si (Gálatas 2:11). E nós devemos lutar para ser até melhores do que eles foram. E, para isso, precisamos ter a alegria de Cristo em nossos rostos, permitir que o Consolador desenvolva essa felicidade em nós.

Não podemos, nunca, esquecer que o próprio Jesus Cristo afirma e nos alerta em João 16:33, que no mundo passaremos por tribulações, por aflições, por dificuldades. Mas ele não falou só isso, ele completa: "TENDE BOM ÂNIMO, eu venci o mundo", ou seja, não andem cabisbaixos, se alegrem, sejam felizes, não desanimem, resplandeçam a minha luz, BRILHEM.

O fruto do Espírito

Mas a alegria que o Espírito Santo traz para nós não se resume apenas a respeito da salvação.

A Bíblia relata que em tudo devemos ser gratos, e dar graças a Deus, pois esta e a vontade dEle para nós (1ª Tessalonicenses 5:18). Devemos ser gratos por tudo, tudo mesmo.

Acho muito interessante como um pastor da minha igreja tem a mania de agradecer por tudo, pelo calor de quase 40 graus, pela chuva, pela ventania que arranca telhados, pela vida, pela família, pela igreja, e por aí vai. Temos que aprender a ser gratos, isso trará felicidade e tranquilidade ao nosso coração.

Um cristão que se alegra pelas conquistas do próximo, mostra que há pureza e felicidade em seu interior. Eu tenho um amigo que sempre se alegra quando eu conquisto alguma coisa, que fica feliz quando vê que eu estou evoluindo em alguma área, ele é uma pessoa cheia do Espírito Santo, por isso tem tanta felicidade no seu coração.

"Por isso, fomos consolados pela vossa consolação e muito mais nos alegramos pela alegria de Tito, porque o seu espírito foi recreado por vós todos."

2º Coríntios 7:13

Paulo sempre se declarava muito alegre pela felicidade e crescimento dos seus irmãos, assim também devemos ser nós para com todos os nossos amigos. E mais, nossa alegria nunca pode estar na queda ou no fracasso de outra pessoa, a Bíblia condena isso em Provérbios 24:17.

Sejam alegres no Espírito da alegria.

Brilhe a maravilhosa luz de Cristo por meio do seu sorriso.

"porque o Reino de Deus não é comida nem bebida, mas justiça, e paz, e alegria no Espírito Santo."

Romanos 14:17 (Grifos do autor)

Capítulo 4

Paz

> *"Porque a inclinação da carne é a morte; mas a inclinação do Espírito é a vida e paz."*
>
> Romanos 8:6 *(Grifos do autor)*

O Espírito Santo quer produzir em nossas vidas a seguinte certeza:

> *"E Ele (Jesus Cristo) é a propiciação pelos nossos pecados, e não somente pelos nossos, mas também pelos de todo o mundo."*
>
> 1ª João 2:2 *(Parênteses do autor)*

Jesus é a propiciação, é quem trouxe paz entre o ser humano e Deus, antes nós éramos inimigos do Senhor (Romanos 5:10). Quando Cristo foi morto naquela cruz o véu do templo foi rasgado de cima a baixo, dividindo-se em duas partes (Marcos 15:38).

Essa cortina separava o santuário do lugar santíssimo (onde estava a presença de Deus). Ela era feita de linho fino torcido, com vários detalhes, e com várias laçadas entre si, sendo praticamente impossível um homem conseguir rompê-la com suas próprias mãos.

Tudo isso representa como a nossa salvação não poderia vir de mãos humanas, mas do alto. E foi exatamente isso que Cristo fez por nós, rasgou o que nos separava da presença do Senhor. A barreira foi quebrada e hoje temos livre acesso, hoje podemos entrar com ousadia na presença do Grande EU SOU.

> *"Por isso, irmãos, por causa da morte de Jesus na cruz nós temos completa liberdade de entrar no Lugar Santíssimo."*
>
> Hebreus 10:19 *(NTLH)*

É exatamente essa paz que temos que ter em nossos corações, a paz com Deus.

O fruto do Espírito

E quando temos essa paz em nosso interior, ela transborda para o exterior.

Se você reparar nas cartas paulinas, todas elas iniciam com o apóstolo Paulo argumentando algo parecido como: a paz de Cristo seja com vós. Paulo transbordava paz, e ele chega a dizer em Efésios 6:15 que devemos calçar nossos pés na preparação do evangelho da paz. Ele, movido pelo Espírito Santo, nos afirma que devemos estar com os pés firmados, protegidos, no evangelho de Jesus Cristo, que é o que nos traz paz.

Essa paz não é uma paz de calmaria, de ausência de aflições e lutas, porque isso seria uma ideia equivocada da paz de Deus. É uma paz que coexiste com a dor, lágrima e até com o luto.

Essa paz é a que Horatio G. Spafford sentiu quando recebeu a notícia de que suas quatro filhas havia naufragado no mar, ao escrever: "It's well with my soul!" Está tudo bem com minha alma! A mesma paz que Jó experimentou, quando argumenta que Deus inspira canções até nas noites escuras (Jó 35:10). E que, também Estêvão, sendo apedrejado pela multidão enfurecida, sentiu, ao falar: "Senhor Jesus, recebe o meu espírito", "Não lhes imputes este pecado" (Atos 7:57-60).

Precisamos dessa convicção em nós!

Necessitamos também ter a certeza do que é falado por Paulo na sua carta aos efésios: "não temos que lutar contra carne e sangue, mas contra os principados, contra as potestades...". Jesus sempre soube disso! Veja como Ele permaneceu calado quando estava diante de pessoas que O estavam atacando com acusações falsas, pouco antes de Sua crucificação:

> *"E, levantando-se o sumo sacerdote, disse-lhe: Não responde coisa alguma ao que estes depõem contra ti? E Jesus, porém, guardava o silêncio...".*

Mateus 26:62-63a

Capítulo 4

Cristo não precisava gastar tempo e energia debatendo contra todas aquelas pessoas, pois sabia de tudo que estava acontecendo por trás do mundo natural e que essas pessoas não passavam de fantoches.

Muitas vezes, quando somos confrontados por mentiras, ou pessoas que nos atacam, acabamos discutindo, perdendo a paz, por vezes até brigamos. Mas o que realmente devemos fazer é transbordar a paz que o Espírito Santo coloca em nossas vidas, e entender que a nossa luta não é contra nossos irmãos, e sim contra Satanás.

Quando eu tinha cerca de 12 anos, ainda cursava o ensino fundamental, meus conselhos para os meus amigos eram bem diferentes de hoje! Eu costumava incentivá-los a brigar, incentivava os colegas do meu grupinho a não se juntarem com outros grupos de pessoas das quais eu não gostava. Mas à medida que fui crescendo eu percebi o quão errado era isso e certo dia deparei-me com o seguinte versículo:

> *"Engano há no coração dos que maquinam mal, mas alegria têm os que aconselham a paz."*
>
> Provérbios 12:20

Não precisava de um puxão de orelha maior do que esse, não é verdade?

Hoje procuro sempre aconselhar perdão, reconciliação, porque é assim que Deus quer que nós venhamos a agir, e um cristão cheio do Espírito Santo, que tem a paz de Cristo em seu coração, não consegue ficar acomodado com tantas 'guerras' que existem no dia a dia.

> *"Deixo-vos a paz, a minha paz vos dou; não vo-la dou como o mundo a dá. Não se turbe o vosso coração, nem se atemorize."*
>
> João 14:27

O fruto do Espírito

Permita que o Santo Espírito do nosso Senhor te revele o Maravilhoso Conselheiro, Deus Forte, Pai da eternidade, Príncipe da paz (Isaías 9:6).

Longanimidade (paciência)

> *"E nós achamos que eles foram felizes por terem suportado o sofrimento com paciência. Vocês têm ouvido a respeito da paciência de Jó e sabem como no final Deus o abençoou. Porque o Senhor é cheio de bondade e de misericórdia." (Grifos do autor)*

> *Tiago 5:11 (NTLH - Grifos do autor)*

Jó (homem sincero, reto, temente a Deus e que se desviava do mal (Jó 1:1)) sempre foi reconhecido pela sua paciência. Ouço inúmeras pessoas falando a respeito desse grande homem de Deus.

Deus permitiu que o inimigo tocasse nos bens de Jó, na sua família e também na sua saúde, a ponto de ele chegar a se coçar com cacos de telha. Com todo esse mal acontecendo em sua vida, seus amigos, Elifaz, Bildade e Zofar, pensaram que tudo era consequência de algum pecado que Jó havia cometido.

Então esses três amigos travaram longos diálogos com Jó, tentando convencê-lo a pedir perdão pelo 'pecado', e o tempo todo Jó tentou se defender, afirmando que não cometera nenhum pecado, pedindo que Deus o julgasse.

Costumo dizer que os três amigos estavam falando as coisas certas para a pessoa errada. Enfim, Jó suporta todas as dores, aflições e acusações com paciência admirável, reconhecida até mesmo pela Bíblia, como vimos no versículo tema, acima.

E é essa paciência que o Espírito Santo quer gerar em nós, como mais uma parte desse fruto.

Capítulo 4

Mas como é difícil ter paciência hoje em dia, não é mesmo? Vivemos tempos em que tudo é 'para ontem', 24 horas já não são mais suficientes para um dia.

Em meio a tanta pressa, tanta ansiedade, parece que não existe mais lugar em nós para a paciência. Se analisarmos bem podemos perceber o quanto a ansiedade excessiva tem causado problemas, brigas, discussões etc. Veja um simples exemplo familiar: Se pedimos para um filho ou irmão buscar algo para nós em algum lugar, e a pessoa demora 20 minutos a mais, já é motivo para discussão, mesmo sem perguntar o motivo do atraso.

Diante de tudo isso, parece que só há uma solução: O Espírito Santo. Ele é a única esperança para nos fazer longânimos.

Esperança... Perceba como a paciência está relacionada com a esperança:

> *"Que a esperança que vocês têm os mantenha alegres; aguentem com paciência os sofrimentos e orem sempre."*
>
> Romanos 12:12 (Grifos do autor)

Paulo, inspirado pelo Espírito Santo, afirma em várias de suas cartas que devemos aguardar com paciência o dia do grande julgamento, mantendo sempre firmes na esperança que um dia todas as nossas dores irão passar.

Devemos estar sempre esperançosos de toda a justiça que virá. Existe um ditado no mundo que diz o seguinte: "A esperança é a última que morre.", certo? ERRADO, a esperança nunca morre! (1ª Coríntios 13:13)

Quando temos o Espírito de Deus, a esperança no futuro é inabalável e, como consequência, tornamo-nos pessoas mais pacientes.

O apóstolo Paulo, em 1ª Coríntios 4:17, chama o que ele estava enfrentando de leve e momentânea tribulação. Amado, pense! Um homem que por várias vezes foi espancado, preso, apedrejado ao ponto de as pessoas pensarem que ele havia morrido (Atos 14:19), ser amarrado de forma vergonhosa. Chamar isso de leve? Momentânea até que é mais compreensível, quando comparamos o tempo dessa vida com a eternidade toda, mas leve é um pouco mais difícil de entender.

Isso tudo só nos mostra como ele era guiado pelo Santo Espírito de Deus. Ele tinha convicção do PESO da glória que o aguardava, era como se ele estivesse colocando em uma balança.

Mesmo que tudo que ele estivesse passando fosse relativamente pesado para nós, quando comparado ao que o estava aguardando e o que nos aguarda, não existe espaço para desânimo ou desesperança alguma.

Ele sabe que depois da tempestade sempre vem o arco-íris!

Toda essa esperança fez de Paulo um homem ousado, mas principalmente, PACIENTE:

> *"Os sinais do meu apostolado foram manifestados entre vós, <u>com toda a paciência</u>, por sinais, prodígios e maravilhas."*

> *2ª Coríntios 12:12 (Grifos do autor)*

Precisamos combater a ansiedade, como o próprio apóstolo fala em sua carta à igreja de Filipos: "Não andeis ansiosos com coisa alguma...", e também Jesus, em Mateus 6:34, "não fiquem preocupados com o amanhã, pois o dia de amanhã trará suas próprias preocupações".

Precisamos aprender a entregar o controle do nosso futuro nas mãos do nosso Senhor, ter a certeza de que Ele está cuidando de tudo da melhor forma possível.

Sermos mais pacientes com nossos irmãos! <u>Aprender a ensinar</u>, enxergar as limitações das pessoas e saber como lidar com elas, colocando-se sempre no lugar do outro, enxergando a situação com clareza. Tudo isso nos fará pessoas segundo o coração de Deus.

Capítulo 4

Repare no exemplo do apóstolo Filipe, relatado em Atos 8. Filipe participava de um grande avivamento na cidade de Samaria, então o Espírito Santo entra em ação, interrompe o trabalho do discípulo e o leva para ensinar a palavra de Deus para apenas uma pessoa, um etíope.

E mesmo assim, o apóstolo que antes estava pregando para milhares de pessoas em Samaria, agora, com toda paciência, ensina o etíope sobre a palavra de Deus, e acaba batizando-o nas águas. Ganhou uma alma, por causa da sua longanimidade. Alma essa, que, a partir de então, levará o nome do Senhor Jesus para o seu país.

Permita que o Espírito da longanimidade gere essa parte do fruto em seu interior! E que nós possamos, cada vez mais, ser pessoas em que os outros têm prazer em estar próximos.

"Sejam sempre humildes, bem educados e pacientes, suportando uns aos outros com amor."

Efésios 4:2 (Grifos do autor)

Benignidade (delicadeza)

A palavra benignidade, em minha Bíblia com a tradução na linguagem de hoje, está traduzida como 'delicadeza'.

Esse gomo do fruto do Espírito pode ser confundido com 'bondade', pois são bem semelhantes. Várias vezes a Bíblia menciona Deus com uma benignidade que não tem fim, que dura para sempre, e isso mostra como Deus não é só bom, mas também delicado para conosco.

A delicadeza nos mostra que o Espírito Santo não está somente preocupado se nós estamos fazendo algo para nossos irmãos, mas também COMO estamos fazendo.

Paulo, em sua carta à igreja de Corinto, destaca como os irmãos da igreja da província da Macedônia, apesar de pobres,

O fruto do Espírito

não só estavam dando ofertas para a igreja da Judeia, mas estavam dando com <u>entusiasmo</u>, estavam com boa vontade.

Perceba como há uma preocupação com o modo pelo qual fazemos as coisas, não basta só fazer. Observe como os maridos da cidade de Colossos são advertidos sobre o modo de tratar as esposas:

> *"Marido, ame a sua esposa e <u>não seja grosseiro com ela</u>."*
>
> *Colossenses 3:19 (NTLH – Grifos do autor)*

Não podemos falar da delicadeza que o Espírito gera em nós sem deixar de falar do que Jesus nos ensinou no livro de Mateus:

> *"Ora, se o teu irmão pecar contra ti, vai e repreende-o entre ti e ele só; se te ouvir, ganhaste a teu irmão."*
>
> *Mateus 18:15*

Para um bom relacionamento entre os irmãos isso é mais essencial do que muitos imaginam.

Lembro-me de quando tinha aproximadamente 13 anos de idade, e queria entrar para o ministério de louvor para cantar, porém uma das ministras falou para mim no meio de todos que eu não servia para cantar.

Eu, na minha imaturidade, fiquei furioso com ela, não queria mais nem vê-la na igreja. Quando fui crescendo percebi o bem que ela havia feito para os ouvidos dos irmãos me tirando o microfone, (risos), mas a forma foi errada! Se ela tivesse conversado comigo em particular eu provavelmente teria entendido e não ficaria tão chateado na época.

Casos parecidos como esse acontecessem toda hora, em vários lugares. Esse conselho de Cristo serve não só para a igreja, mas para ambientes de trabalho e, principalmente, para as redes sociais!

Como vemos pessoas gastando tempo e amizades em discussões nas redes de relacionamento virtual. Alguém fala algo

Capítulo 4

que, às vezes, não é certo, aí surgem várias pessoas repreendendo no meio de todos, e para não 'sair por baixo', o indivíduo tem que rebater, e vira uma bola de neve. Temos que aprender a ser delicados na forma de lidar com as pessoas.

A Bíblia nos ensina a como responder a alguém:

> *"A resposta delicada acalma o furor, mas a palavra dura aumenta a raiva."*
>
> Provérbios 15:1 (NTLH)

Temos que ser benigno para com o próximo, assim Deus será também para conosco (2º Samuel 22:26).

> *"O Senhor, porém, estava com José, e <u>estendeu sobre ele</u> a sua benignidade, e deu-lhe graça aos olhos do carcereiro-mor."*
>
> Gênesis 39:21 (Grifos do autor)

Deixe que o Espírito Santo estenda sobre você a Sua delicadeza, seja um reflexo do Todo Poderoso. Trate melhor as pessoas!

Bondade

A bondade está muito ligada com o amor. O Espírito Santo quer gerar em nós uma característica bondosa para com as pessoas. Ele quer que nós sejamos mais unidos e preocupados com o nosso próximo.

O corpo de Cristo nessa terra tem que se preocupar mais com os pobres, os órfãos, os drogados, os doentes etc. Esse é um dos papéis fundamentais da igreja, e uma das demonstrações de bondade.

A igreja primitiva sempre teve um cuidado enorme para com as viúvas e os órfãos. Vemos como em 1ª Timóteo 5 o apóstolo Paulo dá instruções a Timóteo sobre como deveria agir em relação às obras de caridade para com as viúvas. Como seria feita a ordem de prioridades, quem deveria receber o apoio mais urgente da igreja.

O fruto do Espírito

E não só para com os pobres, mas também para com outras igrejas que passavam por dificuldades. Em 2ª Coríntios 8 pode ser percebido como havia uma grande preocupação com os cristãos pobres da Judeia e, por isso, estava sendo feita uma coleta de ofertas para serem levadas para esses irmãos.

Jesus Cristo sempre nos advertiu sobre ajudarmos o próximo, sermos caridosos, termos preocupação com as pessoas que passavam dificuldades. Em Mateus 25:34-46, Cristo dá um sermão a todos que o ouviam, ao afirmar que, quando fazemos boas obras às pessoas estamos fazendo ao próprio Jesus, e que, quando deixamos de fazer estamos deixando de fazer a Ele também.

O próprio Messias, como é relatado em Mateus 15:32, cheio do Espírito de Deus (sempre), é movido de compaixão e bondade para com as pessoas que escutavam suas palavras em um monte perto do mar da Galileia.

Então Ele faz o milagre da multiplicação dos pães pela segunda vez, pois dizia para os discípulos que não queria despedir a multidão em jejum para que não desfalecessem pelo caminho. Isso é pensar no próximo, isso é dar exemplo!

Fomos chamados a sermos bons para com as pessoas, e isso não é opção para nós. Quando o Espírito Santo está em nós, gerando seu fruto, a preocupação com o próximo se torna algo natural.

Mas a bondade que temos em nós não é apenas manifestada por meio de doações ou ofertas, mas também por gestos de preocupações, por exemplo.

Quando Deus revela para Abraão que Sodoma e Gomorra iriam ser destruídas, Abraão logo se enche de preocupação, pois seu sobrinho Ló morava com toda a sua família naquele lugar, então ele começa a interceder por seu parente:

Capítulo 4

> *"Longe de que faças tal coisa, que mates o justo com o ímpio; que o justo seja como o ímpio, longe de Ti seja. Não faria justiça o Juiz de toda a terra?"*
>
> Gênesis 18:25

Veja como ele fala ousadamente ao Senhor quando ele busca salvar a seu parente Ló.

Podemos ver como Jônatas, filho de Saul, era preocupado com Davi, e até mesmo o ajudou a fugir quando seu pai queria matá-lo (1º Samuel 20).

A Bíblia sempre relatou como esses dois eram intimamente ligados, como suas almas eram ligadas. Isso tudo fez com que um fosse bom para com o outro. Mesmo depois da morte de Jônatas, Davi continua usando de bondade para com os descendentes de seu amigo.

Onesíforo sempre foi bom para Paulo de Tarso, animando-o em todo tempo (2ª Timóteo 1:16).

Essa bondade para com as pessoas deve estar sempre conosco. Deus é bom, então nós devemos ser como Ele é. Veja como, mediante a parábola do credor incompassivo, Jesus manifesta a bondade de Deus para conosco, e como condena quem não usa da mesma misericórdia para com seu irmão:

> *"E, não tendo ele com o que pagar, o seu senhor mandou que ele, e sua mulher, e seus filhos fossem vendidos, com tudo quanto tinha, para que a dívida se lhe pagasse. Então, aquele servo, prostrando-se, o reverenciava, dizendo: Senhor, sê generoso para comigo, e tudo te pagarei. Então, o senhor daquele servo, movido de íntima compaixão, soltou-o e perdoou-lhe a dívida..."*
>
> Mateus 18:25-27

E a parábola continua com o relato desse servo que encontra um dos seus companheiros de trabalho que lhe devia cem moedas de prata, e sufocando-o manda que ele seja jogado na cadeia. O patrão que havia perdoado sua dívida fica sabendo do ocorrido e

O fruto do Espírito

volta atrás em sua decisão e manda que ele seja jogado na prisão até o pagamento de sua dívida.

Veja como nessa parábola, o patrão (que representa Deus) usa de misericórdia e bondade para com o seu servo, e quando descobre que esse empregado não usou da mesma misericórdia para com seu próximo o castiga severamente.

É claro que o foco principal dessa parábola é sobre o perdão. Mas analise que a vontade do Senhor é que nós possamos retribuir a Ele tudo o que Ele nos faz. Porém não há como nós devolvermos para o Pai tudo o que Ele nos dá, então o mínimo que podemos fazer é devolver isso para os nossos irmãos.

> *"Assim falou o Senhor dos exércitos: Executai juízo verdadeiro, <u>mostrai bondade</u> e compaixão cada um para com o seu irmão; e não oprimais a viúva, nem o órfão, nem o estrangeiro, nem o pobre; e nenhum de vós intente no seu coração o mal contra o seu irmão."*

> *Zacarias 7:9-10 (Grifos do autor)*

Fidelidade

> *"Não abandone a lealdade e a fidelidade; guarde-as sempre bem gravadas no coração. Se você fizer isso, agradará tanto a Deus como aos seres humanos."*

> *Provérbios 3:3-4*

Creio que essa é uma das partes mais importantes desse fruto, visto que a fidelidade sempre foi uma das maiores características de Deus que, por inúmeras vezes, é chamado de fiel na Bíblia.

No livro de Apocalipse, capítulo 19, Jesus aparece como um cavaleiro montado em um cavalo branco, e o nome que lhe é dado é 'Fiel e Verdadeiro'. Uma qualidade tão marcante do nosso Senhor não poderia deixar de ser algo que o Espírito Santo queira que nós tenhamos também.

Capítulo 4

Já notou como hoje em dia tudo tem que ser documentado, escrito e assinado? As pessoas já não têm mais confiança umas nas outras. E até com razão, Satanás tem influenciado vidas de tal forma que as pessoas não têm mais tanta preocupação em honrar a sua palavra. Elas têm se entregado a mentiras e a enganos.

Claro que estou generalizando, e sei que existem muitas pessoas que ainda buscam preservar sua palavra. Mas o que quero dizer é que, atualmente, não há tanta preocupação com a fidelidade, parece que o engano não tem tanto problema assim, e é 'até' necessário para 'vencer nesta terra'. Reflexo de vidas sem o Espírito Santo.

Quando olhamos para pessoas referências na Bíblia, percebemos o quanto elas prezavam pela fidelidade para com o próximo. É o caso de Davi, que foi reconhecido pelo sacerdote Aimeleque diante de Saul (1º Samuel 22:14), no momento em que o servo de Deus pergunta ao rei de Israel quem era entre os servos da realeza tão fiel quanto Davi.

Davi também mostrou sua fidelidade para com seu amigo Jônatas. Quando Saul procurava matar a Davi, Jônatas o ajuda a fugir, então eles fazem um juramento de sempre cuidar da descendência do outro.

Logo depois, morre o filho de Saul. E Davi, havendo se tornado rei sobre Israel, e mesmo com seu amigo morto, é fiel à sua palavra. Procura pelo filho de Jônatas, Mefibosete, e o traz para comer em sua própria mesa (2º Samuel 9:10).

Não é só Davi que se destaca por sua fidelidade, Daniel, homem com um relacionamento profundo com Deus, era reconhecido por sua fidelidade. Observe:

"Nisso os presidentes e os sátrapas procuravam achar ocasião contra Daniel a respeito do reino, mas não podiam achar ocasião ou falta alguma; <u>porque ele era fiel</u>, e não se achava nele nenhum erro nem falta."

Daniel 6:4 (Grifos do autor)

Daniel foi colocado em cargo de confiança em um reino que foi levado para ser escravo. Homem de espírito excelente, fiel!

Diversas outras pessoas são destacadas na Bíblia por sua fidelidade e lealdade, é o caso de Timóteo (1ª Coríntios 4:17), Tíquico (Efésios 6:21), Onesíforo (Colossenses 4:9), Silas (1ª Pedro 5:12), Gaio (3ª João 1:5) etc.

Homem segundo o coração de Deus tem que ser fiel à sua palavra. Mentiras não podem fazer parte das nossas vidas, pois quem é o pai de toda mentira é Satanás (João 8:44).

> *"Vocês nos devem tratar como servidores de Cristo, que foram encarregados de administrar a realização dos planos secretos de Deus. O que se exige de quem tem essa responsabilidade é que seja fiel ao seu Senhor."*

> *1ª Coríntios 4:2 (Grifos do autor)*

Todos os que têm vontade de crescer ministerialmente precisam entender esse princípio. Precisam permitir a ação do Espírito do Altíssimo, tornando cada vez mais 'Fiel e Verdadeiro'.

Que nós venhamos a ser encontrados fiéis ao nosso Senhor e a nossos irmãos!

E com toda essa dedicação e esforço, um dia nós ouviremos da boca do nosso Senhor:

> *"... Bem está, bom e fiel servo. Sobre o pouco foste fiel, sobre o muito te colocarei; entra no gozo do teu senhor."*

> *Mateus 25:23 (Grifos do autor)*

Humildade

> *"Pois o Altíssimo, o Santo Deus, o Deus que vive para sempre, diz: "Eu moro num lugar alto e sagrado, mas moro também com os humildes e os aflitos..."*

> *Isaías 57:15ª (NTLH – Grifos do autor)*

Deus mora com os humildes!

Capítulo 4

Humildade sempre foi uma característica indispensável para pessoas que foram usadas grandemente pelo Senhor, é o caso de Paulo (2ª Coríntios 10:1); de Jesus Cristo, em Mateus 11:29, ao afirmar que devemos aprender com Ele, que é manso e humilde de coração. E também do profeta Samuel, no qual vemos um grande exemplo ainda no início de seu ministério.

Quando, em 1º Samuel 3, Deus <u>aparece a Samuel</u> e fala que irá fazer algo terrível no meio de Israel, assim como na casa de Eli (autoridade na vida de Samuel), e que nenhum tipo de sacrifício poderia reverter a situação, o jovem demonstra muita humildade. Com tudo isso, Eli sendo rebaixado e o jovem sendo estabelecido em seu lugar, Samuel continua servindo ao profeta com toda obediência e respeito.

Muitas pessoas no lugar de Samuel poderiam desprezar a autoridade de Eli, mas não foi isso que o jovem fez. Creio que esse foi um dos motivos para ele ter sido o grande profeta tão usado por Deus.

Observe outro exemplo. O apóstolo Pedro, após receber o Espírito Santo, começa a realizar grandes feitos. Ele, em um sermão chega a alcançar três mil almas (Atos 2:41); em outro, aproximadamente cinco mil vidas (Atos 4:4); em outra ocasião ele foi usado para que <u>todos</u> os moradores da cidade de Lida e da região de Sarom se convertessem ao Senhor (Atos 9:35).

Pedro era um homem que por onde passava a sua sombra curava os enfermos (Atos 5:15). E então, quando acabara de ser usado para ressuscitar uma menina que havia morrido (Atos 9:40), é guiado pelo Espírito Santo para ir à casa de Cornélio, um não judeu (segundo o costume dos judeus, não era bom entrar na casa de gentios). Logo, o apóstolo, ao entrar na casa, o dono se ajoelha aos seus pés, mas Pedro com toda humildade e, principalmente, MOVIDO pelo Espírito Santo, dá a seguinte resposta:

O fruto do Espírito

*"Mas Pedro fez com que ele se levantasse e disse: —
Fique de pé, pois eu sou apenas um homem como você."*

Atos 10:26 (NTLH)

A humildade nunca foi opcional na vida de um cristão. A Bíblia fala inúmeras vezes sobre como Deus condena a pessoa soberba, e como há promessas de maldição para o soberbo. Por outro lado, os humildes sempre são alvos de promessas de bênçãos, veja alguns exemplos:

*"O galardão da humildade e o temor do Senhor são
riquezas, e honra, e vida."*

Provérbios 22:4 (Grifos do autor)

"A soberba do homem o abaterá, mas o humilde de espírito obterá honra."

Provérbios 29:23

*"O Senhor eleva os humildes e abate os ímpios
até a terra."*

Salmo 147:6

Grandes são as promessas para os humildes!

A Bíblia nos ensina como ser humildes. Paulo, em sua carta à igreja de Filipos, afirma que devemos considerar as pessoas como se fossem nossos superiores. Realmente, se fizermos isso trataremos as pessoas com muito mais respeito.

Vamos analisar um exemplo. Repare quão bonita é a atitude de um jogador de futebol famoso quando ele recebe bem, abraça, dá atenção a algum garoto que invade o campo de futebol por sua causa.

Precisamos ser mais humildes, muitas vezes vemos pessoas que querem transformar a igreja em um ambiente meramente político, e usam o jargão 'quem não é visto não é lembrado', e tudo que fazem é para ser exaltado por homens, esquecendo que nós servimos ao "El-Rói", o Deus que tudo vê (Gênesis 16:13).

Capítulo 4

"Ainda que o Senhor é excelso, <u>atenta para o humilde</u>; mas ao soberbo, conhece-o de longe."

Salmo 138:6 (Grifos do autor)

O Espírito Santo quer colocar em nós um espírito manso! Precisamos estar abertos para Sua ação, permitir que trabalhe em nós, e assim amar a todos com humildade.

Domínio próprio

A última, e não menos importante característica do fruto do Espírito é o domínio próprio.

Em Marcos 14:38 Jesus diz que temos que orar e vigiar para que não venhamos a cair em tentação, e que o nosso espírito está pronto, mas a carne é fraca.

Uma pessoa que não consegue ter controle sobre si mostra que o seu espírito está perdendo a luta contra as tentações carnais. A nossa carne tem tendências ao erro, por isso é chamada de fraca por Cristo.

Devemos aprender a nos dominar, não deixando que os nossos desejos venham a nos guiar.

Caim permitiu que o seu desejo o dominasse, por isso cometeu o primeiro homicídio da humanidade, matando a seu próprio irmão Abel.

"Se tivesse feito o que é certo, você estaria sorrindo; mas você agiu mal, e por isso o pecado está na porta, à sua espera. Ele quer dominá-lo, mas você precisa vencê-lo."

Gênesis 4:7 (NTLH)

Repare como Deus exorta a Caim, dizendo que o pecado queria dominá-lo, mas ele precisava lutar contra esse mal, precisava vencer o desejo de fazer o que não era correto. Infelizmente ele não consegue e acaba matando seu irmão.

O fruto do Espírito

Precisamos, a todo momento, combater a nossa carne, por meio de jejum, da oração e, principalmente, entregar o controle para o Espírito de Deus.

Gosto muito quando Tiago disserta em sua carta sobre como o domínio sobre a nossa língua nos faz também dominar todo o corpo.

> *"Porque todos tropeçamos em muitas coisas. Se alguém não tropeça em palavra, o tal varão é perfeito e poderoso também para refrear todo o corpo."*

Tiago 3:2

Dito isso, Tiago ainda usa algumas comparações, de como o cavalo é controlado por meio de um freio que é colocado em sua boca, e de como os grandes navios são controlados por pequenos lemes.

Precisamos aprender a ter controle sobre a nossa língua, sobre as palavras que saem de nossa boca. Se conseguirmos controlar esse órgão tão pequeno, seremos capazes, também, de dominar sobre todas as nossas ações, sobre todas as nossas vontades. Que tal começar a partir de hoje então? Seja pronto para ouvir, tardio para falar e tardio para irar-se (Tiago 1:19).

> *"Todas as coisas me são lícitas, mas nem todas as coisas me convêm; todas as coisas me são lícitas, mas eu não me deixarei dominar por nenhuma."*

1ª Coríntios 6:12

Nós podemos fazer diversas coisas, mas o que não podemos mesmo é deixar que essas coisas nos dominem. Deus condena todos os tipos de vícios, tudo o que tenta nos controlar.

Quantos jovens se viciam em jogos, seriados, aparelhos eletrônicos e nem percebem, mas não conseguem mais se desprender disso, sem falar no vício das drogas, do álcool etc. Tornam-se prisioneiros dessas coisas. E não apenas jovens, há

Capítulo 4

muitos adultos que são dominados pelo trabalho, por alguns tipos de alimentos, e não conseguem passar determinado período de abstinência.

Tudo isso exerce domínio sobre nós tomando o lugar do Espírito do nosso Pai celestial em nossas vidas.

Precisamos aprender a nos controlar, e só conseguimos fazer isso quando entregamos o controle total para o Espírito Santo.

Conclusão

Volto a repetir uma parte do versículo que nós iniciamos este capítulo:

"Se vivemos no Espírito, andemos também no Espírito."

Gálatas 5:25

Todas as partes do fruto do qual discorremos neste capítulo precisam ser trabalhadas em nossas vidas. Eu gosto de resumir o versículo acima para: Se vivemos, andemos no Espírito!

Se respiramos, se estamos vivos, devemos caminhar conforme nosso Senhor quer, devemos adorá-lo com nossas ações, com nossa maneira de viver. "Tudo quanto tem fôlego louve ao Senhor. Louvai ao Senhor!" (Salmo 102:18).

Deus quer que tenhamos o fruto do Seu espírito como um todo, pois não tem como ter apenas uma ou outra característica e não ter todas; ou temos todas ou não temos nenhuma; ou temos o Espírito ou não O temos.

Perceba que todos os gomos estão muito ligados uns aos outros, não há como ser benigno verdadeiramente sem ter amor; não há como ter domínio próprio e não ser paciente; não há como ter alegria sem a paz.

O fruto do Espírito

Todas essas qualidades são reflexos de Deus o do Seu Espírito em nós, precisamos ser cheios dEle e, como consequência, seremos como Ele é!

R. C. Sproul afirmou: "É a evidência do fruto do Espírito que marca nosso progresso na santificação".

Permita que nosso Senhor trabalhe o fruto por completo em sua vida!

"Não atrapalhem a ação do Espírito Santo."

1ª Tessalonicenses 5:19

Capítulo 5

O Espírito da verdade

A palavra do Senhor é "lâmpada para nossos pés e luz para nosso caminho"(Salmo 119:105), ou seja, é ela quem irá iluminar nossa jornada, os buracos que não devemos pisar; as pedras do nosso caminho; a direção que devemos seguir, para que não venhamos a cair, tropeçar ou mesmo sair do caminho correto.

Não é por menos que, em sua carta à igreja de Éfeso, o apóstolo Paulo declara que devemos estar calçados os pés nas botas da preparação do evangelho da paz. Também, em sua carta aos romanos, destaca a importância das Escrituras:

> *"Porque tudo que dantes foi escrito para nosso ensino foi escrito,..."*
>
> Romanos 15:4 (Grifos do autor)

Tudo nos mostra a importância de termos a mensagem do nosso Senhor bem gravada em nosso coração, e com compreensão correta de toda a Bíblia.

Desde pequeno, eu sempre fui exposto a uma carga muito grande de ensino sobre a Bíblia. Meus avós são presbiterianos tradicionais, sempre me levavam à igreja com eles. Eu estava com eles em praticamente todo tipo de culto, não importava se era um culto mais dinâmico, ou um culto bem teórico, de estudo bíblico. Também tinha a escola bíblica dominical, em que com as demais crianças eu sempre estava estudando as passagens bíblicas.

Depois que mudei de cidade, acabei congregando na Igreja Metodista Wesleyana de Gurupi. Lá também participava todas

Capítulo 5

as quintas-feiras de cultos exclusivamente para estudos bíblicos, sem deixar de lado a tradicional escola bíblica dominical, em todas as manhãs de domingo.

Com tudo isso, tive muito contato com a Palavra do Senhor, e confesso que sempre fui um apaixonado pelas grandes histórias: Davi e Golias, os milagres de Jesus, Moisés abrindo o mar, José e seus irmãos etc.

Mas de alguns anos para cá que comecei a ter a minha mente aberta para a profundidade da Bíblia, o quão cheia de mistérios Ela é, quão profunda, enigmática e extremamente concordante em tudo. Mesmo sendo escrito por inúmeros autores, em períodos totalmente diferentes. Tudo isso me faz ficar cada dia mais encantado com Ela.

"mas falamos a sabedoria de Deus, <u>oculta em mistério</u>, a qual Deus ordenou antes dos séculos para nossa glória;"

1ª Coríntios 2:7 (Grifos do autor)

No momento em que escrevo este livro, estou passando as férias na fazenda dos meus avós, dedicando-me a entender mais sobre as Sagradas Escrituras. Tem alguns dias que durmo em estado de êxtase com cada descoberta, cada nova revelação. Tudo isso mostra também quão infinita Essa palavra é. Mesmo eu tendo quase 20 anos de exposição a tantos ensinamentos, nascendo e crescendo em igrejas que prezam pelo estudo sistemático, eu ainda sinto que tenho muito a aprender sobre esse livro, que uma vida só não seria suficiente.

Costumo sempre falar isso por onde vou, que há uma enorme diferença entre revelação de Deus e informação sobre Deus. Considero como revelação tudo aquilo que o Senhor fala ao ser humano, e informação tudo aquilo que um homem fala a outro homem. Assim como Jesus disse a Pedro, "Feliz és, Simão, filho de Jonas, porque não foi a carne nem o sangue que te revelou isto, <u>mas meu Pai que está nos céus</u>".

O Espírito da verdade

Amo a declaração de Jó no capítulo 42 de seu livro, versículo 5, o qual argumenta que "antes te conhecia de ouvir falar, mas agora os meus olhos te veem". É sobre isso que estou falando, sobre conhecer Deus além de apenas experiências de terceiros.

Pense algo comigo. Adão, o primeiro homem, foi criado por Deus e recebeu uma ordem do próprio Autor do mundo, que o proibia de comer o fruto da árvore do conhecimento do bem e do mal. Como dito anteriormente, se foi o próprio Deus que falou isso a Adão, classificamos como? REVELAÇÃO. Alguns dias depois, Eva é criada, e Adão fala para ela aquilo que Jeová tinha dito a ele, o que é isto? INFORMAÇÃO.

Agora, eu lhe pergunto leitor, quando a serpente vem para tentar fazer com que o ser humano caísse, ela vai, primeiramente, em quem tem informação ou em quem tem revelação? A resposta é clara. Uma pessoa que apenas tem uma informação sobre Deus, teoricamente, é uma pessoa mais vulnerável a ataques malignos. Reitero que o fato de ter revelação sobre Deus não garante ninguém de jamais cair, porém é inegável que isso se torna mais difícil para uma pessoa que conhece bem quem Deus é. E uma das formas de conhecê-Lo é estudando a Bíblia, porém não só com informação, mas buscando uma revelação sobre a infinidade das Escrituras.

E quando começamos a estudar a Palavra do Senhor, vamos percebendo isso cada vez mais, parece que nunca tem fim e que nunca conseguiremos entendê-La em sua plenitude. Lemos um texto bíblico, algo nos chama a atenção e, isso, acaba nos trazendo certo entendimento, mas quando lemos outra vez esse mesmo texto, já percebemos outra coisa nova e nos perguntamos como não vimos isso antes.

Parece que é viva, não é? Mas realmente Ela é (Hebreus 4:12). E muito mais profunda do que imaginamos. As Escrituras Sagradas possuem uma infinidade impressionante de ensino.

Capítulo 5

Mas por que Deus fez algo tão cheio de mistérios para nós?

Creio que o objetivo de Deus com os mistérios de Sua palavra nunca foi esconder algo de nós, nem que nós nunca soubéssemos determinadas coisas.

> "Porque nada há encoberto que não haja de ser manifesto; e nada se faz para ficar oculto, <u>mas para ser descoberto</u>."
>
> Marcos 4:22 (Grifos do autor)

Deus quer nos revelar tudo! Esse revelar, porém, não virá 'mastigado', a finalidade dos segredos é justamente para Deus revelar somente a quem O procura. Deus tem uma enorme expectativa quanto à nossa busca e um imenso desejo que nós conheçamos sua plenitude.

> "O que vemos é como uma imagem imperfeita num espelho embaçado, mas depois veremos face a face. Agora o meu conhecimento é imperfeito, mas depois conhecerei perfeitamente, assim como sou conhecido por Deus."
>
> 1ª Coríntios 13:12 (NTLH)

Paulo está afirmando que conhece Deus apenas em parte, mas que quando for para o céu, para perto do Senhor, O conhecerá na sua totalidade, assim como somos conhecidos plenamente. Isso tudo nos mostra como Deus tem vontade que nós O entendamos completamente.

Dito isso, compreendemos que a Bíblia possui verdades ocultas, e o Senhor Deus quer que O busquemos para ter a revelação desses segredos. Então, o que devemos fazer é...?

BUSCÁ-LO!

Devemos procurar entender nosso Deus e Sua Palavra. Entretanto existe um jeito de fazer isso! Não é apenas mediante estudo bíblico, apesar de ser essencial. Precisamos de alguém que nos ensine, alguém que nos esclareça, que abra o nosso entendimento. E esse alguém só pode ser o ESPÍRITO SANTO.

> *"Mas aquele Consolador, o Espírito Santo, que o Pai enviará em meu nome, vos ensinará todas as coisas e vos fará lembrar de tudo quanto vos tenho dito."*
>
> João 14:26 (Grifos do autor)

Somente o Espírito de Deus pode nos revelar as coisas de Deus, porque só Ele conhece verdadeiramente nosso Senhor:

> *"... porque o Espírito penetra todas as coisas, ainda as profundezas de Deus."*
>
> 1ª Coríntios 2:10b

E só o Autor da mensagem pode nos explicar o real significado de cada uma de Suas obras:

> *"porque a profecia nunca foi introduzida por vontade de homem algum, mas os homens santos de Deus falaram inspirados pelo Espírito Santo."*
>
> 2ª Pedro 1:21 (Grifos do autor)

Ele é o único!

Thomas Arnold afirmou: "Aquele que não conhece Deus o Espírito, não pode conhecer Deus de modo algum!". Precisamos entender a ação do Espírito Santo no que diz respeito ao entendimento do nosso Senhor. E, quero mostrar, neste capítulo, como a falta do Espírito pode nos cegar, mas, principalmente, como Ele pode abrir a nossa mente para o Reino do Deus Altíssimo.

Cegueira espiritual

Como acabara de ser dito, a falta do Espírito de Deus em nós pode causar uma cegueira em nosso espírito e, para começar esse assunto, vamos analisar alguns exemplos bíblicos.

Capítulo 5

Os líderes do povo de Israel sempre foram extremamente conhecedores da Lei de Moisés. Estudavam bastante, existia até um grupo chamado de 'escribas', cujo trabalho era copiar a Lei, tornando-se verdadeiros mestres da palavra. Porém, essas pessoas não conseguiam enxergar o que realmente estava acontecendo em seus tempos, e se tornaram perseguidores de Jesus Cristo e do evangelho.

> *"Por não terem conhecido a este, os que habitavam em Jerusalém e os seus príncipes, condenaram-no, cumprindo assim as vozes dos profetas que se leem todos os sábados."*
>
> Atos 13:27

O mesmo povo que estudava exaustivamente as Escrituras não foi capaz de perceber que Jesus era o Messias, e o condenou à morte. Cristo afirmou, em Lucas 12:54-56, que quando eles viam subir as nuvens do Ocidente, discerniam que iria chover; quando sentiam ventos soprando do sul, diziam que viria calor e sempre acertavam, mas que os acontecimentos daquela época eles não conseguiam discernir.

Jesus faz um claro desabafo sobre como eles estavam em uma condição de cegueira espiritual, pois se entregavam apenas a conhecer a Lei, e não o Criador da Lei.

Outro exemplo é, como até mesmo, o grande sacerdote daquela época estava limitado por falta do Espírito Santo. Estêvão declara o seguinte em sua defesa, pouco antes de ser apedrejado:

> *"E Estêvão terminou, dizendo: — Como vocês são duros de coração e surdos para ouvir a mensagem de Deus! Vocês sempre têm rejeitado o Espírito Santo, como os seus antepassados rejeitaram."*
>
> Atos 7:51 (Grifos do autor)

A falta do Espírito da verdade fazia com que esses tão dedicados estudiosos ficassem surdos, não compreendendo o verdadeiro evangelho.

O Espírito da verdade

"porque eu sou testemunha de que eles são muito dedicados a Deus. Mas a dedicação deles não está baseada no verdadeiro conhecimento."

Romanos 10:2

Agora preste atenção no próximo exemplo, que para mim é o mais nítido de todos:

Após Deus retirar todo o Seu povo do meio da terra do Egito, com grande poder e grandes feitos, tais como: as dez pragas; a abertura do mar vermelho; a nuvem para encobrir o sol durante o dia e a coluna de fogo à noite para guiá-los; a conversão de águas amargas em águas doces; o Maná descendo do céu para os alimentarem; o envio de codornizes por Deus para o povo; a Água brotando da rocha; a manifestação de Deus por meio de um monte fumegante; dentre outras maravilhas. O povo foi capaz de virar para Arão, enquanto Moisés falava com Deus no monte, e pedir para que ele fizesse um deus para que eles o adorassem. Então, Arão cede à pressão e atende ao povo. Observe a fala de Arão, sem o Espírito de Deus, ao terminar de fazer o bezerro de ouro:

"e ele os tomou das suas mãos, e formou o outro com um buril, e fez dele um bezerro de fundição. Então, disseram: Estes são teus deuses, ó Israel, que te tiraram da terra do Egito."

Êxodo 32:4 (Grifos do autor)

Esse texto mostra claramente como o pecado cauteriza nossa mente. Arão, após ver tudo o que Deus havia feito no meio de seu povo, e de participar desses feitos juntamente com Moisés, faz uma imagem para adorar (isso tudo enquanto Deus entregava os dez mandamentos a Moisés), afirmando que esse ídolo os havia tirado do Egito.

E mais, o texto segue, e no versículo seguinte já é relatado como Arão, vendo que o povo adorava o objeto que fizera. 'Caindo a ficha', decide fazer uma festa ao Senhor. Então o povo madruga, come e bebe, celebrando ao Senhor.

Capítulo 5

É interessante que, nesse instante, na hora da festa e não no momento da adoração do bezerro, Deus manda que Moisés desça para ver o que o povo estava fazendo. Uma das coisas que mais deve ter revoltado o Senhor foi ver que ao invés de se arrepender e de pedir perdão pelo pecado, e se quebrantar, o povo decide celebrar.

Como o pecado e a consequente falta do Espírito Santo gera em nós um retrocesso mental!

Jesus, referindo-se aos escribas e aos fariseus, afirma o seguinte no livro de Mateus:

> *"Deixai-os; são condutores cegos; ora, se um cego guiar outro cego, ambos cairão na cova."*
>
> Mateus 15:14

Perceba como Cristo faz referência a esses grupos como 'cegos', e ainda completa dizendo que quem é guiado por eles cai junto num mesmo buraco. Quem não tem luz não pode iluminar outra pessoa, porque leva mais escuridão ainda (ver Romanos 2:17-24).

Já vi muitas pessoas afirmando que aquelas pessoas que perseguiram a Jesus, durante o tempo em que estava aqui na terra na forma de homem, só não foram convertidas porque o próprio Deus não permitia que eles entendessem. Porém, não é assim que eu vejo, essas pessoas entraram nessa condição por conta própria, por falta de buscar a Deus e pela adoração a ídolos.

Note como Deus permitia que os espíritos enganadores agissem contra seu povo por causa de suas escolhas erradas:

> *"O meu povo consulta a sua madeira, e a sua vara lhe responde, porque o espírito de luxúria os engana, e eles se corrompem, apartando-se da sujeição do seu Deus."*
>
> Oséias 4:12 (Grifos do autor)

O Espírito da verdade

Porque o povo escolhe, decide adorar a imagens, fazem coisas erradas, Deus permite que os espíritos maus os enganem. Por isso algumas pessoas afirmam que a imagem que eles adoram fazem milagres, e então pensam que realmente é um deus, mas, na verdade, são demônios agindo.

Em Romanos 1:25 Paulo narra sobre como as pessoas trocam a verdade pela mentira, adorando as criações de Deus, ao invés de adorar o próprio Deus.

Tudo isso mostra como nós mesmos podemos nos colocar em um estado de estagnação e retrocesso, sendo impedidos de compreender a verdade.

> *"Pois a mente deste povo está fechada; eles taparam os ouvidos e fecharam os olhos. Se eles não tivessem feito isso, os seus olhos poderiam ver, e os seus ouvidos poderiam ouvir; a sua mente poderia entender, e eles voltariam para mim, e eu os curaria — Disse Deus."*
>
> *Atos 28:27 (NTLH – Grifos do autor)*

Jesus afirma em Marcos 4:25, que o que tem mais lhe será dado, mas ao que não tem, até o pouco que tem será retirado. Esse discurso sempre me causou certo incômodo, sempre me pareceu nada social. Mas ao longo do tempo, fui percebendo o que realmente o Messias estava querendo dizer com essas palavras.

Cristo fala isso logo após citar a 'parábola da candeia', que traz a mensagem sobre a luz que deve ser colocada em um local que ilumine toda a casa, e não embaixo de uma cama. Isso tudo me fez entender que o que Ele estava falando naquela ocasião era que as pessoas que buscam ter mais conhecimento sobre Deus, mais revelação da palavra, mais conhecimento lhes serão concedidos.

É o caso de Lídia, em Atos 16:11-15. A Bíblia relata que ela já adorava a Deus, e quando Paulo vem falar com ela sobre o evangelho, "o Senhor abriu a sua mente para que compreendesse o que Paulo dizia".

Capítulo 5

Por outro lado, quem buscava pouco, ou nada, até o pouco que ele tinha seria perdido.

Isso tudo nos mostra que não é só querer conhecer mais de Deus, mas também cuidar para que o que sabemos não venha a se perder por causa do descompromisso com as ministrações do evangelho, a leitura bíblica e, principalmente, por falta de oração para aproximar e entender a Deus.

Assim como no Antigo Testamento, em Levítico 6:12, Deus ordenou para o sacerdote que o fogo do altar deveria sempre estar aceso, e que ele deveria colocar lenha todas as manhãs. Assim deve ser nossa procura por conhecer mais do Senhor Deus. Se não alimentarmos esse fogo todos os dias, lendo a Bíblia, jejuando, orando, as chamas vão diminuindo, e podem se apagar completamente, e é nesse momento que ficamos na completa escuridão.

O próprio apóstolo Paulo, quando está diante do Rei Agripa fazendo sua defesa, relata como foi que Jesus o chamou no momento de sua conversão. Cristo afirma que o motivo pelo qual apareceu a Paulo foi para que ele fosse testemunha *"tanto das coisas que tens visto como daquelas pelas quais te aparecerei ainda"* *(Atos 26:16)*. (Grifo do autor)

Note algo interessante nesta frase: Por que Jesus, ao invés de falar que no futuro revelaria coisas a Saulo, já não revelou logo naquele momento e então o jovem já poderia anunciar com mais autoridade ainda? Resposta: Porque o que Jesus estava querendo dizer era o seguinte: "Paulo, comece a anunciar o que você já tem descoberto sobre mim, e eu irei me revelar mais a ti no futuro, porque, como sou presciente, eu já sei que você se relacionará comigo, de maneira tal, que será grande em sabedoria".

E foi exatamente isso que aconteceu! (Atos 9:22 / 2ª Coríntios 12:11-12)

Essa condição de cegueira espiritual nós mesmos quem escolhemos se permanecemos ou não nela.

O Espírito da verdade

Observe a seguir como o salmista orava para que lhe fosse removida a venda que o impedia de enxergar a lei:

"Desvenda os meus olhos, para que eu veja as maravilhas da tua lei."

Salmo 119:18

Paulo também faz declaração no mesmo sentido, mas agora para abrir os olhos para o Novo Testamento:

"E, até hoje, quando é lido Moisés, o véu está posto sobre o coração deles. Mas, quando se converterem ao Senhor, <u>então, o véu se tirará</u>. Ora, o Senhor é Espírito, e onde está o Espírito do Senhor, aí há liberdade."

2ª Coríntios 3:15-17 (Grifos do autor)

No texto acima, a Bíblia afirma que o Senhor é Espírito, então vamos fazer a seguinte substituição no texto: "... quando se converterem ao ESPÍRITO, então, o véu se tirará". Somente Ele pode trazer luz à nossa mente para entendermos a verdadeira mensagem de Deus.

A luz do Espírito da verdade

"Para lhes abrires os olhos e das trevas os converteres à luz e do poder de Satanás a Deus...".

Atos 26:18a

Essas palavras são de Jesus para Paulo, no momento de sua conversão. O jovem perseguidor da igreja do Senhor foi chamado, a partir de então, para abrir os olhos das pessoas, convertendo da escuridão para a nitidez.

O curioso é a relação da sua missão com a forma que ocorreu o seu primeiro encontro com o Senhor, relatado em Atos 9, em que Saulo, indo para a cidade de Damasco a fim de prender pessoas convertidas ao evangelho, fica cego depois de ser envolvido por uma grande luz que lhe apareceu. Mas o que cegou Paulo não foi

Capítulo 5

aquela luz, ela apenas lhe mostrou a condição em que se encontrava, pois espiritualmente ele já estava cego. Ele foi apenas convencido de que o que estava fazendo era errado:

> "E, quando Ele vier, convencerá o mundo do pecado..."
>
> João 16:8a

Então Saulo recebe orientações do Senhor sobre o que teria de fazer para ter os olhos abertos. A história segue, e, logo após, Ananias foi enviado por Deus para ministrar sobre ele, orar com ele, declarando que fosse <u>cheio do Espírito Santo</u> e tornasse a ver, e coisas parecidas como escamas caíram dos seus olhos, e ele foi curado, não só física, mas espiritualmente.

Quero que você entenda a relação entre o Espírito Santo e o abrir do nosso entendimento. Para isso, vamos analisar vários textos bíblicos para compreender essa relação.

Para começar, um exemplo do Antigo Testamento.

A Bíblia conta, no início do livro de Ezequiel, como foi que Deus chamou esse sacerdote para profetizar as Palavras do Senhor para os israelitas que haviam sido levados para a Babilônia, e também aos moradores de Jerusalém. Tudo começa quando Ezequiel tem uma visão. Ele vê o céu se abrindo, a tempestade chegando, e quatro animais com forma de gente etc. Tudo descrito no capítulo um.

Quando inicia o segundo capítulo, vemos como o 'Espírito de Deus' primeiro entra no profeta, para depois Deus começar a falar com ele. Então o Senhor faz várias orientações de como Ezequiel deveria agir a partir de então. Só que acontece algo interessante, relatado a partir do terceiro capítulo. Na visão que ele está tendo, aparece um enorme rolo, escrito dos dois lados, escritos de dor, lamentações e gemidos.

Então, o Senhor manda que ele coma esse rolo, e o profeta obedece:

O Espírito da verdade

"Então, abri a minha boca, e me deu a comer o rolo. E disse-me: Filho do homem, dá de comer ao teu ventre e enche as tuas entranhas deste rolo que eu te dou. Então, o comi, e era na minha boca doce como mel."

Ezequiel 3:2-3

Perceba como esse rolo, na visão que ele teve, representa o conhecimento para Ezequiel poder profetizar para o povo, e que tudo isso só foi adquirido depois que o Espírito de Deus entrou nele. Sem o Espírito, seria impossível o sacerdote conseguir compreender tudo que estava sendo entregue de uma só vez a ele naquele dia.

A partir de então, Ezequiel torna-se um dos profetas que mais teve visões na Bíblia, sua mente foi aberta para as simbologias de Deus. Foi ele quem teve a conhecida visão do 'vale dos ossos secos', em Ezequiel 37; ele também teve a visão do rio que corre do trono de Deus, no capítulo 47 de seu livro, em que tem o relato sobre o homem que media o rio, e a cada mil côvados as águas ficavam mais profundas, passagem muito usada por muitos pregadores hoje em dia.

Já no Novo Testamento, perceba como João Batista era instruído pelo Espírito Santo para anunciar a mensagem:

"... e será cheio do Espírito Santo, desde o ventre da sua mãe. E converterá muitos dos filhos de Israel ao Senhor, seu Deus."

Lucas 1:15b-16

João Batista, homem responsável por preparar o caminho para o Senhor Jesus, homem de uma mensagem tão poderosa que era capaz de atrair multidões ao deserto só para ouvi-lo, batizou milhares de pessoas nas águas, inclusive o Cristo (Lucas 3:21).

Homem assim, só mesmo com a sabedoria que o Espírito do Senhor lhe concedia.

Veja também a história de Estêvão. Em Atos 6, quando os apóstolos estão instituindo diáconos para cuidar de assuntos

Capítulo 5

sociais, a Bíblia faz uma relação das pessoas que foram nomeadas. Porém uma dessas pessoas destaca-se por aparecer com o seguinte adjetivo: 'homem cheio de fé e do Espírito Santo'. Essa pessoa era Estêvão e, observe, ele era cheio de sabedoria, a ponto de as pessoas não conseguirem resistir às suas palavras:

> "E levantaram-se alguns que eram da sinagoga chamada dos Libertos, e dos cireneus, e dos alexandrinos, e dos que eram da Cilícia e da Ásia, e disputavam com Estêvão. E não podiam resistir à sabedoria e ao Espírito com que falava."
>
> Atos 6:9-10 (Grifos do autor)

Estêvão deu um verdadeiro "show" naquelas pessoas que se diziam tão sábias e estudadas, mas tudo isso porque era guiado pelo Espírito Santo, observe como a Bíblia destaca que eles não podiam resistir ao Espírito com que falava.

Com tudo isso, as pessoas inventaram falsas acusações contra o diácono, então ele é levado para o conselho, e interrogado pelo sumo sacerdote. É nesse momento que mais uma vez Estêvão demonstra toda a sabedoria que Deus lhe havia dado, fazendo uma retrospectiva fantástica de toda a Bíblia (Atos 7). E, com suas palavras, o povo ficou enfurecido a ponto de ranger os dentes. Mas a sua visão foi aberta, porquanto tinha o Espírito de Deus:

> "Mas ele, estando cheio do Espírito Santo e fixando os olhos no céu, viu a glória de Deus e Jesus, que estava à direita de Deus."
>
> Atos 7:55

É só pelo Espírito Santo que podemos ser cheios de sabedoria divina, conseguindo sobressair em qualquer circunstância, e mais: ver a glória de Deus. Estêvão teve a honra de ver Jesus se colocar de pé para recebê-lo (Atos 7:56).

Agora note como Pedro foi transformado, depois de receber o Espírito Santo:

O Espírito da verdade

Antes de Jesus ser crucificado, o discípulo Pedro nega Jesus duas vezes para uma criada do sumo sacerdote (Marcos 14:66-70). Logo depois de sua ressurreição, Cristo aparece a 10 discípulos e lhes 'sopra o Espírito Santo' (João 20:22), sendo a primeira vez que eles receberam o Auxiliador. Agora perceba como a atitude de Pedro muda, depois de ter a mente aberta:

> *"Então, Pedro, cheio do Espírito Santo, lhes disse: Principais do povo e vós, anciãos de Israel...seja conhecido de vós todos e de todo o povo de Israel, que em nome de Jesus Cristo, o Nazareno, aquele a quem vós crucificastes e a quem Deus ressuscitou dos mortos, em nome desse é que este está são diante de vós...Então, eles, vendo a ousadia de Pedro e João e informados de que eram homens sem letras e indoutos, se maravilharam; e tinham conhecimento de que eles haviam estado com Jesus."*

Atos 4:8/10/13 (Grifos do autor)

Ah, como esse homem mudou! Quem antes negava Jesus para as criadas, agora O confessa diante dos anciãos de Israel (pessoas com altos níveis de autoridade entre o povo). Todo o Sinédrio (suprema corte dos judeus) espantou-se pela ousadia que Pedro e João falaram naquele dia, mesmo sendo homens sem instrução e sem escolaridade. Pessoas que, desde pequenos, trabalhavam na pesca. Esse mesmo Pedro, sem estudos, que chega a ganhar para Cristo, aproximadamente, oito mil almas em apenas dois sermões.

Isso só acontece pelo poder do Espírito Santo, que traz sabedoria, entendimento, e que coloca palavras certas na boca dos seus.

> *"As quais também falamos, não com palavras de sabedoria humana, mas com as que o Espírito Santo ensina, comparando as coisas espirituais com as espirituais."*

1ª Coríntios 2:13 (Grifos do autor)

A ação de Deus, o Espírito, sempre esteve relacionada a revelações (retirar o véu), observe a profecia de Joel:

Capítulo 5

"E há de ser que, depois, <u>derramarei o meu Espírito</u> sobre toda a carne, <u>e</u> vossos filhos e vossas filhas profetizarão, os vossos velhos terão sonhos, os vossos jovens terão visões."

Joel 2:28 (Grifos do autor)

- Profetizarão

Quando alguma profecia era liberada na Bíblia, Deus sempre falava para o profeta o que ele deveria dizer, ou para uma nação ou para uma pessoa em específico. (Ex.: Ezequiel 6:1-2)

- Terão sonhos

Sonho na Bíblia, em sua grande maioria, era quando Deus queria falar com alguém, pois essa é uma das maneiras pela qual Deus fala conosco. (Ex.: Gênesis 20:3)

"Deus fala de várias maneiras, porém nós não lhe damos atenção. De noite, na cama, quando dormimos um sono profundo, ele fala por meio de sonhos ou de visões."

Jó 33:14-15 (NTLH)

- Terão visões

Visões são muito semelhantes aos sonhos, é uma das formas com que Deus fala conosco, como vimos acima. Na Bíblia, porém, algumas vezes quando as pessoas tinham visões, elas eram transportadas em espírito para outro lugar ou outro tempo, futuro ou presente, vendo coisas que iriam acontecer ou estavam acontecendo, e, por vezes, também houve certa interação entre a pessoa e os acontecimentos na visão. (Ex.: Apocalipse 4:1-2)

Tudo isso nos mostra como o Espírito Santo nos faz saber mais dos planos de Deus e também dos acontecimentos que estão ao nosso redor.

"O <u>Espírito da verdade</u>, que o mundo não pode receber, porque não o vê, nem o conhece; mas vós o conheceis, porque habita convosco e estará em vós." (Grifos do autor)

João 14:17

O Espírito da verdade

"Porém sobre vocês Cristo tem derramado o Espírito Santo, e por isso todos vocês conhecem a verdade."

1ª João 2:20 (NTLH)

Quando Jesus Cristo chega a Betsaida, as pessoas levam a Ele um cego, rogando para que o tocasse. Cristo toma o cego e o leva para fora da aldeia e passa saliva em seus olhos, a partir de então os olhos começam a ser curados (Marcos 8:22-26). Essa passagem mexe muito comigo, primeiro porque Jesus retira essa pessoa do meio daquela aldeia, representando um lugar de cegueira espiritual, um lugar que tapava a sua visão, talvez com falsa religiosidade, com paradigmas que impedem a ação de Deus. E então, aplica saliva nos seus olhos! Como se Cristo estivesse falando: "A partir de hoje você enxerga é através do que sai da boca de Deus". É por meio da palavra que vem do céu, e não dos homens. E eu pergunto, quem é que nos traz essa palavra do céu?

Só o Espírito de Deus!

Somos dependentes desse Espírito para podermos receber essa luz divina, o próprio Jesus, em João 16:12, dando suas últimas instruções aos discípulos, narra que ainda tinha muitas coisas para dizer a eles. Mas não poderia falar, porque eles não suportariam.

Irmãos, por que Cristo estava falando isso? Exatamente porque o Espírito ainda não havia descido sobre eles! E, por causa disso, estavam impossibilitados de compreender toda a verdade. Comprovando isso tudo, vem o versículo seguinte, em que Jesus faz uma clara citação ao 'Espírito da verdade', afirmando que é Ele que vai nos guiar a toda verdade.

O Espírito Santo nos revela toda a verdade, precisamos nos entregar a Ele, nos entregar à Verdadeira Sabedoria, declarar nossa dependência! Quem melhor para nos ensinar a verdade do que o Criador dela? Temos que nos dedicar na leitura da Bíblia, mas,

Capítulo 5

<u>sempre</u>, pedindo a Deus que nos traga a interpretação correta, nos mostrando os seus segredos, o verdadeiro significado de cada passagem, as mensagens que estão ocultas em cada texto.

> *"Mas sobre vocês Cristo tem derramado o seu Espírito. Enquanto o seu Espírito estiver em vocês, não é preciso que ninguém os ensine.* <u>*Pois o Espírito ensina a respeito de tudo, e os seus ensinamentos não são falsos, mas verdadeiros*</u>*. Portanto, obedeçam aos ensinamentos do Espírito e continuem unidos com Cristo."*
>
> 1ª João 2:27 (NTLH – *Grifos do autor*)

Capítulo 6

Dons do Espírito Santo

Todos nós temos talentos!

Algumas pessoas nasceram para cantar, não é mesmo? Outras para dançar, outras para jogar futebol, outras demonstram enorme facilidade para falar em público. Diferentemente de algumas que tremem de medo só de pensar em ficar de frente para uma plateia.

Realmente, talentos naturais todos têm, e isso não pode ser negado! Só que, existe outra fonte, além da natural, para adquirir novas 'habilidades', só que essa é sobrenatural: O Espírito Santo!

O Espírito de Deus é uma fonte de dons, e o objetivo dEle é justamente que nós venhamos a usufruir dessa mina que Ele mesmo nos proporcionou.

> *"Ora, a respeito dos dons espirituais, não quero, irmãos, que sejais ignorantes."*
>
> *1ª Coríntios 12:1*

A Bíblia nos faz uma clara exortação quanto à nossa responsabilidade em conhecer os dons espirituais. Quando é afirmado, por meio do apóstolo Paulo, para não sermos ignorantes, é exatamente isso que está dizendo, para não sermos leigos no assunto. Então vemos que conhecer sobre os dons não é uma alternativa para os cristãos, e sim uma ordenança de Deus.

Porém quando Paulo escreve esse versículo aos Coríntios, ele não está apenas querendo que eles conheçam os dons em si,

Capítulo 6

pois essa igreja já conhecia, na prática, todos os tipos de manifestações dos dons espirituais (1ª Coríntios 1:7); o que Paulo queria também era que eles aprendessem sobre os cuidados que devemos ter ao usar os dons.

Neste capítulo, o objetivo será conceituar todos os tipos de dons citados em 1ª Coríntios 12 (considerado o capítulo dos dons, da Bíblia); também citando alguns exemplos de manifestações descritas nas Escrituras Sagradas, e algumas experiências.

A Bíblia cita nove dons como sendo os do Espírito Santo:

> "Porque a um, pelo Espírito, é dada a <u>palavra da sabedoria</u>, e a outro, pelo mesmo Espírito, a <u>palavra da ciência</u>; e a outro, pelo mesmo Espírito, a <u>fé</u>, e a outro, pelo mesmo Espírito, os <u>dons de curar</u>; e a outro, a <u>operação de maravilhas</u>; e a outro, a <u>profecia</u>; e a outro, o <u>dom de discernir os espíritos</u>, e a outro, a <u>variedade de línguas</u>; e a outro, a <u>interpretação das línguas</u>."
>
> *1ª Coríntios 12:8-10 (Grifos do autor)*

Mas afinal, o que é o dom do Espírito Santo?

O dom do Espírito é uma manifestação sobrenatural; por meio de uma pessoa, de algo divino, da parte do Espírito Santo, com a finalidade de edificar o próximo ou a igreja como um todo. É a clara parceria entre o homem e Deus.

Para podermos compreender melhor os nove tipos de dons, vamos dividi-los em três categorias:

Primeiro, os <u>dons de revelação</u>: são os que se manifestam quando há alguma descoberta que o homem faz, e que não poderia fazer sem a ajuda de Deus. Essa revelação pode acontecer de várias formas: Visões, sonhos (visões noturnas), ouvir uma voz de Deus falando, certeza no homem interior etc. São eles: Palavra de sabedoria, palavra da ciência e discernimento de espíritos.

Segundo, os <u>dons de poder</u>: são aqueles que expressam algum tipo de manifestação do poder de Deus, o que para nós

Dons do Espírito Santo

são chamados de milagres. São eles: Dons da fé, operação de maravilhas e dons de curas.

E por último, <u>dons vocais</u>: que são aqueles cuja característica marcante é a fala ou transmissão de alguma mensagem. Os quais são: Profecia, variedade de línguas e interpretação de línguas.

Veja o quadro a seguir para melhor compreensão:

Dons de revelação	Dons de poder	Dons vocais
¬ Palavra de sabedoria	¬ Dom da fé	¬ Profecia
¬ Palavra da ciência	¬ Operação de maravilhas	¬ Variedade de línguas
¬ Discernimento de espíritos	¬ Dons de curas	¬ Interpretação de línguas

Vamos aos dons:

Palavra de sabedoria

A palavra de sabedoria é o que nos traz revelação de algo para podermos aconselhar alguém. Não tem nada a ver com inteligência humana, conhecimento científico ou psicológico, é algo que vem de Deus (como se momentaneamente tivéssemos uma parte da sabedoria de Deus em nós), com finalidade determinada. Eu diria que é um 'dom de aconselhamento'.

> *"E eis que vêm sete anos, e haverá grande fartura em toda terra do Egito. E, depois deles, levantar-se-ão sete anos de fome, e toda aquela fartura será esquecida na terra do Egito, e a fome consumirá a terra;... E ajuntem toda a comida destes bons anos, que vêm, e amontoem trigo debaixo da mão do Faraó, para mantimento nas cidades, e o guardem."*

> Gênesis 41:29-30/35

Após Faraó explicar o sonho para José, o rapaz tem uma revelação do significado do sonho, e então faz um conselho

Capítulo 6

ao soberano do Egito. Isso é a palavra de sabedoria, tanto no momento da revelação quanto no momento de aconselhamento.

Em Atos 15, a igreja de Jerusalém, juntamente com Paulo e Barnabé, entra em debate para definir como ficaria a situação, a partir de então, em relação à circuncisão dos não judeus. E, a partir do versículo 13, Tiago tem uma revelação das Escrituras Sagradas, e então faz um aconselhamento de qual atitude deveria ser tomada pela igreja.

O apóstolo Paulo, em Atos 27, tem uma revelação de algo que aconteceria no futuro:

> "... Paulo os admoestava, dizendo-lhes: Varões, vejo que a navegação há de ser incômoda e com muito dano, não só para o navio e a carga, mas também para a nossa vida."
>
> Atos 27:9b-10

Essa revelação não veio por meio de uma visão, nem ouvindo alguma voz de Deus, mas Paulo teve uma certeza em seu interior. Essa também é uma forma de receber a palavra de sabedoria, sendo totalmente diferente de alguma percepção natural, em que visivelmente vemos que algo irá acontecer, isso vem do sobrenatural, o Espírito Santo comunica com nosso espírito.

O apóstolo estava aconselhando os comandantes do navio para não seguirem viagem, pois ele sabia pelo seu espírito que não era seguro. Porém o seu conselho não foi seguido, e então eles enfrentam uma dura tempestade, ficando vários dias sem ver a luz do sol ou das estrelas (Atos 27:20).

Realmente eles tiveram perdas, tanto de cargas como do navio, como fora revelado posteriormente. Mas uma coisa não se cumpriu: perda de vidas. No versículo 23, Paulo afirma que um anjo lhe apareceu, e que havia falado que não haveria mortes, contradizendo o que tinha sido falado inicialmente pelo apóstolo.

Dons do Espírito Santo

Isso nos mostra como a palavra de sabedoria, adquirida por meio da comunicação espiritual, pode ser mal compreendida, comprometendo a revelação. Entenda uma coisa: Não é o Espírito Santo que comunicou errado, mas a comunicação no nosso intelecto com o nosso espírito que acabou tendo informações mal interpretadas.

Palavra da ciência (ou palavra de conhecimento)

Palavra da ciência é o que nos traz revelação de coisas que estão acontecendo no momento, ou que já aconteceram no passado, a respeito de pessoas ou situações, e não é seguida de um conselho, diferentemente da de sabedoria, mas sim de uma ação qualquer. Não se trata de adivinhação, mas em tomar parte do conhecimento divino sobre fatos.

> *"Mas um certo varão chamado Ananias, com Safira, sua mulher, vendeu uma propriedade e reteve parte do preço, sabendo-o também sua mulher; e, levando uma parte, a depositou aos pés dos apóstolos. Disse, então, Pedro: Ananias, por que encheu Satanás o teu coração, para que mentisses ao Espírito Santo e retivesses parte do preço da herdade?"*

Atos 5:1-3

Esse é um exemplo muito claro de uma manifestação da palavra de conhecimento. A Bíblia deixa a entender que Ananias e Safira fizeram um compromisso de entregar todo o dinheiro da venda de sua propriedade para os apóstolos (Atos 5:4). Porém eles não entregaram todo o recurso, retendo parte.

O apóstolo Pedro, então, tem a revelação do que estava acontecendo. E quando declara para Ananias que ele havia deixado Satanás dominar o seu coração, o homem cai morto, e o mesmo ocorre com sua esposa pouco tempo depois.

Perceba como há uma revelação, mas não vem para que haja um aconselhamento, e sim para que alguma atitude imediata seja tomada.

Capítulo 6

Em Atos 10, Pedro tem uma <u>visão</u> de algo parecido como um grande lençol, que descia do alto, com vários animais dentro. E o apóstolo fica sem entender o significado da revelação:

> "E, estando Pedro duvidando entre si acerca do que seria aquela visão que tinha visto..."
>
> Atos 10:17a

Logo após, ele viaja para outra cidade, e ali descobre o significado de tudo que ele viu, e começa a ministrar o caminho para o evangelho.

Outro exemplo desse tipo de palavra é quando vemos algum pastor, durante a pregação, falando que sabe que tem alguém com um tipo de enfermidade na igreja, e então descreve detalhadamente qual é o problema, às vezes cita o tempo em que a pessoa sofre com isso, pode citar também que já fez várias cirurgias e toma vários remédios, se for o caso. Então alguém se manifesta dizendo que realmente tem aquele problema e o pastor é usado para curá-la.

Veja que o homem de Deus teve uma revelação de tudo que o indivíduo estava passando, mas essa revelação não veio só com caráter informativo. Deus não é fofoqueiro, tudo vem com um propósito, no caso citado era para que houvesse uma manifestação de cura.

Discernimento de espíritos

É a capacidade de conseguir diferenciar espíritos, se algo vem da parte do Espírito de Deus, ou da parte do inimigo, espíritos de engano, ou até da parte do próprio espírito humano. Na maioria das vezes, o propósito é para desmascarar espíritos que vêm para enganar, descobrindo a verdadeira inspiração de cada coisa. Mas esse dom também é manifestado permitindo que a pessoa enxergue o mundo espiritual.

Dons do Espírito Santo

> *"Esta, seguindo a Paulo e a nós, clamava, dizendo: Estes homens, que nos anunciam o caminho da salvação, são servos do Deus Altíssimo. E isto fez ela por muitos dias. Mas Paulo, perturbado, voltou-se e disse ao espírito: Em nome de Jesus Cristo, te mando que saias dela. E, na mesma hora, saiu."*
>
> *Atos 16:17-18*

Esse é um dos exemplos mais claros do Novo Testamento sobre a manifestação do dom de discernir espíritos. Veja que é relatado que uma moça, por vários dias, ia atrás de Paulo, falando algo bom, a princípio, pois ela afirmava que o que eles diziam era verdade. Mas o apóstolo teve o discernimento de que havia algo de errado naquilo, e que o que realmente estava acontecendo era que a mulher estava possessa por um espírito mau, então ele repreende o espírito maligno e ele sai.

Veja que, esse dom, assim como todos os outros, não vem para ajudar a si próprio, mas para ajudar outras pessoas e/ou para engrandecer a Deus (1ª Pedro 4:10).

Paulo e Barnabé, durante sua primeira viagem missionária, quando chegaram à ilha de Pafos, encontraram ali certo mágico, chamado Elimas. E o procônsul da ilha, Sérgio Paulo, queria ouvir a palavra de Deus. Porém o mágico era contra os apóstolos, e buscava atrapalhar o anúncio da mensagem.

> *"Mas resistia-lhes Elimas, o encantador,..., procurando apartar da fé o procônsul. Todavia, Saulo, que também se chama Paulo, cheio do Espírito Santo e fixando os olhos nele, disse: Ó filho do diabo, cheio de todo o engano e de toda a malícia, inimigo de toda a justiça, não cessarás de perturbar os retos caminhos do Senhor?"*
>
> *Atos 13:8-10*

Repare como Paulo, cheio do Espírito Santo, percebe que o que tinha ali era um espírito maligno. Então ele libera uma palavra para o mágico fazendo com que ele fique cego. Tudo isso com uma finalidade:

Capítulo 6

"Então, o procônsul, vendo o que havia acontecido, creu, maravilhado da doutrina do Senhor."

Atos 13:12 (Grifos do autor)

Dom da Fé

O dom da fé, citado aqui, é distinto da fé para salvação, referida em várias partes da Bíblia (Ex.: Romanos 4:13). Esse dom é para que a pessoa possa receber milagres, e só é usado em ocasiões especiais, onde o homem, de forma alguma, pode conseguir resolver a situação sem ajuda divina. Mesmo que nesse dom, a pessoa possa, de alguma forma, receber benefícios, o intuito principal não é esse, e sim para que por meio dessa manifestação o poder de Deus seja reconhecido, e assim, as pessoas venham a crer no Senhor.

"E os discípulos, vendo-o caminhar sobre o mar, assustaram-se, dizendo: É um fantasma. E gritaram, com medo. Jesus, porém, lhes falou logo, dizendo: Tende bom ânimo, sou eu; não temais."

Mateus 14:26-27

Veja como nessa passagem, Jesus recebe um grande milagre. Cristo, por meio da fé, está caminhando sobre as águas. Fica claro que é por meio da fé, porque quando o discípulo Pedro tenta fazer o mesmo ele não consegue, Jesus fala para ele que ele tem pouca fé (Mateus 14:31). Essa é a manifestação desse dom, receber maravilhas, mas não para benefício próprio. Sempre com a intenção de glorificar o nome de Deus, e com isso as pessoas adorarem ao Senhor:

"Então, aproximaram-se os que estavam no barco e adoraram-no, dizendo: És verdadeiramente o Filho de Deus."

Mateus 14:33

Outro exemplo é quando Sadraque, Mesaque e Abede-Nego são lançados na fornalha (Daniel 3). Os três se recusam a

Dons do Espírito Santo

se curvar ante a estátua que o rei Nabucodonosor havia construído. Então eles são chamados pelo rei, e sofrem ameaças, sendo perguntados sobre quem seria o Deus que os poderia livrar das mãos do rei. Sadraque, Mesaque e Abede-Nego respondem então que Deus poderia livrá-los se quisesse, mas é agora que nós vemos algo interessante: Eles também afirmam (Daniel 3:18) que mesmo se Deus não os livrassem eles não adorariam outros deuses.

Isso mostra como eles não tinham certeza se Deus iria querer livrá-los na fornalha. Mas quando são lançados, algo sobrenatural acontece: aparece um quarto homem no meio do fogo, e os quatro andam sem se queimar dentro do forno de fogo ardente. Então o rei manda que eles saiam da fornalha e, após isso, o rei faz a seguinte declaração:

> *"Falou Nabucodonosor e disse: <u>Bendito seja o Deus</u> de Sadraque, Mesaque e Abede-Nego, que enviou o seu anjo e livrou os seus servos, que confiaram nele, pois não quiseram cumprir a palavra do rei, preferindo entregar os seus corpos, para que não servissem nem adorassem algum outro deus, se não o seu Deus. <u>Por mim, pois, é feito um decreto</u>, pelo qual todo povo, nação e língua que disser blasfêmia contra o Deus de Sadraque, Mesaque e Abede-Nego seja despedaçado, e as suas casas sejam feitas um monturo; <u>porquanto não há outro deus que possa livrar como este.</u>"*

Daniel 3:28-29 (Grifos do autor)

Os três, que antes não estavam com tanta fé assim que seriam salvos da morte, quando estão entrando no fogo, se enchem de uma fé sobrenatural, e são salvos da fornalha, para honra e glória de Deus.

Esse dom tem essa característica: de nos dar uma fé sobrenatural. Parece que essa fé vem para complementar a fé que nós já temos nos dando a fé suficiente para que algo aconteça.

Capítulo 6

Operação de maravilhas

Diferentemente do dom da fé, esse dom não é para receber, e sim para operar milagres e demonstrações do poder de Deus, exceto curar. Algo que é importante ressaltar é que os três 'dons de poder' não se manifestam sempre que queremos, mas somente quando Deus quer.

A Bíblia relata no livro de Atos que os apóstolos realizavam muitos prodígios e maravilhas:

> *"Em cada alma havia temor, e muitas maravilhas e sinais se faziam pelos apóstolos."*

Atos 2:43

O apóstolo Pedro, em Atos 9:40, é instrumento de Deus para ressuscitar uma moça chamada Tabita. Eu creio que o milagre da ressurreição vai além de apenas uma cura, por isso considero como manifestação do dom de operar maravilhas.

Jesus, em João 2, faz a água transformar-se em vinho.

No Antigo Testamento também vemos diversos exemplos de manifestações de maravilhas. Veja como Moisés foi usado para operar um grande feito:

> *"Então, Moisés estendeu a sua mão sobre o mar, e o Senhor fez retirar o mar por um forte vento oriental toda aquela noite; e o mar tornou-se em seco, e as águas foram partidas. E os filhos de Israel entraram pelo meio do mar em seco; e as águas lhe foram como muro à sua direito e à sua esquerda."*

Êxodo 14:21-22

Dons de curar

Esse dom, dado pelo Espírito Santo, serve para libertar pessoas de suas enfermidades, sem utilizar processos naturais,

Dons do Espírito Santo

destruindo também a obra maligna que causava a enfermidade na pessoa.

Não é por acaso que essa manifestação do Espírito Santo não vem descrita no singular, mas sim no plural 'dons', pois mostra como esse tipo de dom possui várias formas de operação. Uma pessoa tem dom de curar problemas na coluna, outra de curar aleijados, outra de visão, outra de problemas emocionais etc. Uma mesma pessoa pode ter vários tipos de dons de curas, não necessariamente tem que ser apenas um.

Vale a pena lembrar que, nem sempre que alguém é usado para curar outra pessoa, representa que ali esteja presente algum dom de cura, pois Jesus Cristo permitiu que nós usássemos o seu nome para podermos curar os enfermos (Marcos 16:18 / Atos 3:6).

> *"E a multidão dos que criam no Senhor, tanto homens como mulheres, crescia cada vez mais, de sorte que transportavam os enfermos para as ruas e os punham em leitos e em camilhas, para que <u>ao menos a sombra de Pedro</u>, quando este passasse, cobrisse alguns deles... os quais todos eram curados."*

> *Atos 5:14-16b (Grifos do autor)*

O apóstolo Pedro foi um homem que operava grandemente nos dons de curar, a ponto de, até mesmo, a sua sombra curar os enfermos e expulsar os demônios.

Também vemos como a Bíblia destacou, em Atos 8:6-7, que Filipe era muito usado para curar paralíticos e coxos.

Paulo, em uma passagem, é usado para curar febres e disenteria:

> *"Aconteceu estar de cama enfermo de febres e disenteria o pai de Públio, que Paulo foi ver, e, havendo orado, pôs as mãos sobre ele e o curou."*

> *Atos 28:8*

Capítulo 6

Esse dom é um dos que eu vejo com mais evidência se manifestar por meio da minha vida.

Certa vez, Deus quis que minha família e eu fôssemos a uma cidade do interior do Tocantins, só que estávamos sem dinheiro até para abastecer o carro, mas mesmo assim eu confiei em Deus, pensando: "Se Deus nos mandou ir até lá Ele vai prover tudo". Só que o dia que nós tínhamos que estar lá foi aproximando-se e nada. Mesmo assim arrumamos a mala, pois teríamos que sair na manhã seguinte para poder chegar no dia determinado por Deus.

Então, depois de ter arrumado tudo, uma pessoa que me devia um dinheiro ligou-me dizendo que tinha depositado na minha conta. Enfim, conseguimos chegar à cidade, e nesse lugar Deus usou-me para curar problemas de coluna, dores nas costas e também levar uma mensagem da parte de Deus.

Profecia

A profecia é um dom de pronunciamento, em que a pessoa é usada para declarar aos homens palavras que vêm da parte de Deus. Não é a mesma coisa que pregação, embora possa haver profecias no meio de pregações. E a finalidade é para edificar, exortar ou consolar a igreja (1ª Coríntios 14:3).

É muito comum ver uma pessoa que está profetizando começar com as seguintes palavras: "Assim diz o Senhor...". Principalmente no Antigo Testamento, algumas pessoas eram chamadas de profetas, justamente porque eram usadas para transmitir mensagens de Deus ao povo, ou seja, profetizar.

Esse dom pode ser muito confundido com a palavra da ciência, pois como a definição de palavra da ciência não era conhecida antigamente, então tudo acabava sendo profecia, mas a profecia não é uma revelação, é simplesmente uma transmissão, em que a pessoa é usada como um canal entre Deus e a igreja.

Dons do Espírito Santo

E, por vezes, ainda vinha uma palavra da ciência seguida de uma profecia, tornando mais difícil ainda a distinção de ambos. Em algumas traduções bíblicas, esse dom inclusive é chamado de 'dom de anunciar a mensagem de Deus'.

Todos nós podemos falar palavras, em nosso dia a dia, que o Espírito Santo é quem nos inspira a falar, mas isso não quer dizer que temos o dom de profecia. Outra confusão muito comum entre as pessoas é dizer que quando alguém fala, por exemplo, "Vai chover", "Vai ficar tudo bem", está profetizando que aquilo acontecerá. Mas isso não é profecia, isso é simplesmente liberar uma palavra exercendo a fé.

Como já fora narrado anteriormente, a profecia tem a finalidade de edificar, exortar e consolar. Tanto a edificação quanto a exortação traz uma impressão de algo que Deus está falando para o momento, de algo que está acontecendo e precisa ser mudado para que não aconteça alguma coisa ruim, no caso da exortação ou de algo que precisamos passar a fazer ou conhecer para que aconteça algo bom, no caso da edificação. Só que o consolo tem uma característica distinta, pode ser quando descobrimos o motivo de algo que aconteceu e isso traz consolação ao nosso coração.

Mas também pode ser uma preparação para algo que ainda irá acontecer, e por isso Deus nos fala para não desanimarmos quando tal situação ocorrer e estarmos cientes que o Senhor continua no controle de tudo e não nos abandona jamais. Veja o exemplo:

> *"E, demorando-nos ali por muitos dias, chegou da Judeia um profeta, por nome Ágabo; E, vindo ter conosco, tomou a cinta de Paulo e, ligando-se os seus próprios pés e mãos, disse: <u>Isto diz o Espírito Santo</u>: Assim ligarão os judeus, em Jerusalém, o varão de quem é esta cinta e o entregarão nas mãos dos gentios."*

> *Atos 21:10-11 (Grifos do autor)*

Capítulo 6

O Espírito Santo usa o profeta para anunciar o que aconteceria com Paulo quando este fosse para Jerusalém, porém, o objetivo não é para que ele não fosse, mas sim para que ele estivesse preparado e consciente do que o aguardava, para que fosse consolado, a fim de que não desanimasse. Vemos logo nos versículos seguintes que Paulo compreende isso e afirma que está disposto a não só passar por isso, mas até para morrer se necessário for.

Veja um exemplo de profecia (dada a partir do profeta Jeremias), com o intuito de exortar:

> *"e disse-lhes: Assim diz o Senhor, Deus de Israel, a quem me enviastes, para lançar vossa súplica diante dele: Se de boa mente ficardes nesta terra, então, vos edificarei e não vos derribarei; e vos plantarei e não vos arrancarei, porque estou arrependido do mal que vos tenho feito."*
>
> Jeremias 42:9-10

Deus está exortando a Joanã e ao povo para que eles não saiam de suas terras para irem ao Egito.

Variedade de línguas

Esse dom, com certeza, é o que traz mais polêmicas e confusão.

Por isso quero frisar que não existe nenhum dom do Espírito Santo que não venha para edificação de terceiros ou da igreja.

Antes de dissertar sobre o dom de variedade de línguas, quero discorrer a respeito de uma manifestação que está ao alcance de todos, por meio da crença em Jesus Cristo, que é uma oração sobrenatural em línguas:

> *"E estes sinais seguirão aos que crerem: em meu nome, expulsarão demônios; <u>falarão novas línguas</u>; pegarão nas serpentes; e, se beberem alguma coisa mortífera,*

Dons do Espírito Santo

não lhes fará dano algum; e imporão as mãos sobre os enfermos e os curarão."

Marcos 16:17-18 (Grifos do autor)

Jesus cita que os que crerem no evangelho poderão falar em novas línguas. Esse falar em línguas é diferente do dom citado por Paulo, em 1ª Coríntios 12:10, pois essas novas línguas (citadas por Jesus) são exclusivamente para edificação pessoal, é justamente desse tipo de manifestação que Paulo está falando em algumas partes de 1ª Coríntios 14:

"Porque o que fala língua estranha não fala aos homens, senão a Deus; porque ninguém o entende, e em espírito fala de mistérios."

1ª Coríntios 14:2

"O que fala língua estranha edifica-se a si mesmo,..."

1ª Coríntios 14:4a

O que causa muita confusão é porque em 1ª Coríntios 14 Paulo expõe tanto sobre o dom de variedade de línguas quanto da oração sobrenatural no Espírito Santo. E se não soubermos reconhecer quando está falando de um ou quando está falando de outro, poderemos distorcer tudo, e nisso falhamos.

Mesmo sendo algo que fazemos com auxílio do Espírito Santo, não creio que seja um dom, visto que é uma oração em línguas, e orar não é um dom, todos podem orar.

Várias pessoas têm experimentado esse tipo de manifestação, elas tomam a atitude de orar, e então o Espírito Santo coloca palavras em suas bocas para falar exatamente aquilo que precisam dizer (é assim que ele intercede por nós (Romanos 8:26)), e ninguém entende as palavras que estão sendo faladas, nem mesmo quem fala, somente Deus (creio eu que nem os demônios conseguem compreender). É o homem falando para o Senhor. E não está edificando ninguém além de si próprio.

Capítulo 6

Particularmente, eu creio que no céu existe uma linguagem padrão, nada que nós conhecemos, nem português, ou inglês, ou francês, nada disso. Uma linguagem exclusiva de lá, creio que é disso que Paulo está falando quando afirma: "ainda que eu falasse as línguas dos homens e dos anjos..." (1ª Coríntios 13:1). E essa manifestação de línguas estranhas, citada acima, é justamente quando o Espírito Santo nos conduz a falarmos as palavras de que precisamos, mas nessa linguagem celestial.

Muitas pessoas misturam o dom de variedade de línguas com essa manifestação, mas isso é um erro! Se fizermos isso, olhando tudo como se fosse uma única coisa, a própria Bíblia seria contraditória, pois ao mesmo tempo em que afirma que é apenas o homem falando a Deus, em outro momento já é Deus falando através do homem a terceiros.

Agora, o dom de variedade de línguas (citado por Paulo) é diferente, pois o homem é usado pelo Espírito Santo para falar algo a terceiros. Quem está falando não entende, mas a pessoa a quem está sendo dirigida a mensagem está entendendo tudo na sua própria língua e, por vezes, até com o sotaque de sua região.

O exemplo mais claro dessa manifestação é a famosa descida do Espírito Santo, no dia de Pentecostes:

> "E todos foram cheios do Espírito Santo e começaram a falar em outras línguas, conforme o Espírito Santo lhes concedia que falassem. E em Jerusalém estavam habitando judeus, varões religiosos, de todas as nações debaixo do céu. E, correndo aquela voz, ajuntou-se uma multidão e estava confusa, porque cada um os ouvia falar na sua própria língua. ...e cretenses, e árabes, todos os temos ouvido em nossas próprias línguas falar das grandezas de Deus. E todos se maravilhavam e estavam suspensos, dizendo uns para os outros: Que quer isto dizer?"
>
> Atos 2:4-6/11-12 (Grifos do autor)

Dons do Espírito Santo

Perceba que as pessoas começaram cada um a ouvir sobre a grandeza de Deus na sua própria língua, mesmo que não fosse assim que estivesse saindo da boca de quem estava falando.

Logo depois, Pedro levanta-se em discurso e cerca de três mil pessoas são acrescentadas ao Reino de Deus. Alguns zombaram dizendo que estavam bêbados, Atos 2:13. Creio que isso se deu porque alguns estavam caindo por causa da glória do Senhor, ou perdendo o controle dos movimentos do corpo por estarem sendo cheios do Espírito, e não porque falavam palavras que ninguém entendesse, pois eles entendiam todas as palavras, em sua própria língua, como já fora dito.

Esse dom também pode ser manifestado juntamente com o de interpretação de línguas, em que alguém fala algo pelo Espírito, e outra pessoa 'traduz' para a igreja ou para uma pessoa em específico.

Vejo algumas pessoas fazendo confusões, falando que o falar em línguas estranhas que ninguém entende não é de Deus. Olhando como se só existisse a manifestação do dom de variedade de línguas, em que os outros entendem. Mas Jesus Cristo nos disponibilizou uma linguagem sobrenatural para orarmos.

Outra confusão, bastante comum, são pessoas dizendo que a manifestação desse dom não é numa linguagem celestial, e sim alguma língua conhecida dos homens. Se fosse somente assim Paulo não afirmaria que devemos orar para que possamos interpretar (1ª Coríntios 14:13), e sim estudar.

Resumo:

Capítulo 6

Oração em línguas	Dom de variedade de línguas
Citada por Jesus em Marcos 16:17	Citada por Paulo em 1ª Coríntios 12:10
Guiado pelo Espírito Santo	Guiado pelo Espírito Santo
Homem falando a Deus (oração)	Deus falando através do homem a terceiros
Edifica somente a si	Edifica a terceiros
Está ao alcance de todos que creem em Jesus	O Espírito Santo distribui a quem quer
1ª Coríntios 14:23: Pode parecer loucura para os incrédulos	1ª Coríntios 14:22: Sinal para os incrédulos

Interpretação de línguas

Esse é o único dom que está ligado a outro, que é o de variedade de línguas, e quando é manifesto tem a mesma finalidade do dom de profecia, sendo que Deus é quem está falando ao homem, e não vice-versa.

A interpretação de línguas vem para 'traduzir' o que está sendo dito pelo Senhor por meio da pessoa que está falando em línguas estranhas, e também trazer o entendimento do que está sendo dito. É importante lembrar que esse dom não é só para alguém saber para si o que está sendo dito a partir da diversidade de línguas, mas transmitir para a igreja ou para outra pessoa. Pois, volto a repetir, nenhum DOM DO ESPÍRITO SANTO é para edificação própria.

Já a oração em línguas, a linguagem sobrenatural que Cristo nos deixou à disposição (e não o dom de variedade de línguas citado por Paulo), que falamos a Deus, só é edificado quem faz o uso dessa linguagem, como dito anteriormente, não tem interpretação, visto que é um momento em que alguém está orando a Deus, e interpretar isso não edificaria ninguém, seria apenas para descobrir o que a pessoa está falando a Deus.

Recomendações bíblicas quanto ao uso da oração em línguas

"Mas faça-se tudo descentemente e com ordem."

1ª Coríntios 14:40

Devemos ter alguns cuidados quanto ao orar em línguas QUE JESUS CRISTO NOS PROPORCIONOU (Marcos 16:17). Em 1ª Coríntios 14, a Bíblia relata principalmente sobre como proceder em relação isso.

Nesse capítulo das Escrituras Sagradas, é nos ensinado que quem fala em línguas fala somente a Deus. Portanto, vemos como esse falar em línguas deve ser algo pessoal, e como não faz sentido pegar um microfone e falar em línguas estranhas para a igreja sendo que ela não está entendendo nada.

Se alguém decide visitar a igreja, pela primeira vez, mas encontra todos falando coisas que essa pessoa não entende, pode até pensar que todos estão loucos (1ª Coríntios 14:23).

Não quero de maneira alguma afirmar que falar em línguas não é importante, digo até o contrário: É extremamente importante, o próprio apóstolo Paulo dá graças a Deus porque fala muito mais em línguas do que toda a igreja dos coríntios (1ª Coríntios 14:28). Contudo tem que ser entendido que isso é para edificação própria, e não dos outros, por isso Paulo foi tão grande apóstolo, porque ele mais do que ninguém usava essa ferramenta. Quem fala em línguas deve buscar também o dom de interpretação (1ª Coríntios 14:13).

Como receber dons espirituais?

"Portanto, <u>procurai</u> com zelo os melhores dons; e vos mostrarei um caminho ainda mais excelente."

1ª Coríntios 12:31 (Grifos do autor)

Capítulo 6

Os dons do Espírito Santo não nos foram colocados à disposição em vão. Deus quer que nós venhamos a usufruir de tudo que está ao nosso alcance. Apesar de todas essas manifestações serem consideradas 'sobrenaturais', não era para ser assim, o intuito é que fosse comum algo extremamente natural. Mas o próprio ser humano é quem dificulta tudo, por causa do pecado.

Algo interessante no versículo acima é que Paulo menciona sobre buscarmos os 'melhores dons'. Esse texto sempre me causou um pouco de confusão, uma vez que eu ficava tentando descobrir onde a Bíblia dissertava sobre quais eram esses dons. Mas esse 'procurar os melhores' não quer dizer que existem uns que são acima dos outros, mas sim que existem alguns que aos olhos de cada pessoa parecem sobressair aos demais. Por exemplo, para mim, três dons me chamam mais atenção: Palavra da ciência, dons de cura e discernimento de espíritos. No entanto eu conheço várias outras pessoas que o que chama mais atenção é o da fé, ou de operação de maravilhas, ou interpretação de línguas.

E é assim mesmo, cada pessoa tem a sua preferência, eu particularmente creio que quando desejamos algum dom, já é um sinal que é nesse dom que vamos fluir, pois Deus trabalha em nós tanto o querer quanto o realizar:

> *"porque Deus é o que opera em vós tanto o querer como o efetuar, segunda a sua boa vontade."*
>
> Filipenses 2:13

O primeiro passo para recebermos um dom é justamente desejar tê-lo, se não tivermos vontade não conseguiremos fazer as demais coisas para alcançar o objetivo.

> *"Porque derramarei água sobre o sedento e rios, sobre a terra seca;..."*
>
> Isaías 44:3a

Dons do Espírito Santo

Deus derramará água somente para quem não irá desperdiçá-la. Da mesma forma é o dom. Não tem motivo para o Espírito Santo dar um dom para quem não quer e nem irá usá-lo. Então, o primeiro passo é a vontade.

Outro ponto importante a ressaltar é que os dons espirituais têm diferentes níveis. Como assim? É como se fosse um atleta de lançamento de peso, que quanto mais treina e compete, mais experiências são acumuladas, avançando de nível e se tornando cada vez melhor. Lembrando que: O Espírito Santo tem liberdade para agir da forma como Ele quer, pois Ele é Deus!

Quanto mais nós usamos os dons, mais eles se desenvolvem. Não vamos começar fluindo em um nível altíssimo, temos que alcançar esses níveis e sempre buscar crescimento. Repare como Paulo narra que todos deviam ir praticando para que pudessem aprender mais:

> *"Porque todos podereis profetizar, uns depois dos outros, para que todos aprendam e todos sejam consolados."*
>
> *1ª Coríntios 14:31 (Grifos do autor)*

À medida que praticamos, vamos aprendendo a lidar com o dom, e assim 'subindo de nível'.

Nós já nascemos com algum dom e só temos que despertá-lo? Eu não creio nisso e, particularmente, vejo que a Bíblia é muito clara em relação a isso:

> *"Não desprezes o dom que há em ti, o qual te foi dado por profecia, com a imposição das mãos do presbitério."*
>
> *1ª Timóteo 4:14 (Grifos do autor)*

Paulo, em sua carta dirigida ao seu filho na fé, Timóteo, exorta-o para que não desprezes o dom que há nele, o qual foi adquirido tanto por profecia quanto com a imposição de mãos. Isso me parece muito claro sobre como temos que buscar para receber os dons. Contudo, também, temos que tomar cuidado para

Capítulo 6

que o dom não venha a adormecer em nós, por falta de prática. Observe agora na segunda carta de Paulo a Timóteo como ele fala para que ele venha a despertar o dom que está nele:

> *"Por este motivo, te lembro que despertes o dom de Deus, que existe em ti pela imposição das minhas mãos."*
>
> 2ª Timóteo 1:6

Bom, então o que temos que fazer para receber dons espirituais? Já mencionei que o primeiro passo é o desejo. A partir da vontade temos que nos esforçar para adquirirmos o dom, a oração individual é essencial para isso, veja a seguir como algumas pessoas oravam antes de serem atendidas.

Saulo, logo no início de sua conversão:

> *"E disse-lhe o Senhor: Levanta-te, e vai à rua chamada Direita, e pergunta em casa de Judas por um homem de Tarso chamado Saulo; <u>pois eis que ele está orando</u>;"*
>
> Atos 9:11 (Grifos do autor)

Também o apóstolo Pedro, pouco antes de ter uma visão:

> *"<u>Estando eu orando</u> na cidade de Jope, tive, num arrebatamento de sentidos, uma visão; via um vaso, como um grande lençol que descia do céu e vinha até junto de mim."*
>
> Atos 11:5 (Grifos do autor)

Cornélio, após Pedro ter chegado a sua casa, e nesse exemplo podemos destacar também a importância do jejum, que é sempre uma forma de ofertar ou sacrificar ao Senhor, com algum propósito:

> *"E disse Cornélio: Há quatro dias estava eu em <u>jejum</u> até esta hora, <u>orando em minha casa</u> à hora nona."*
>
> Atos 10:30 (Grifos do autor)

Só que não é somente a oração individual, vemos também como a igreja de Jerusalém reuniu-se para orar por dons, e foi atendida:

Dons do Espírito Santo

"Agora, pois, ó Senhor, olha para as suas ameaças e concede aos teus servos que falem com toda a ousadia a tua palavra, enquanto estendes a mão para curar, e para que se façam sinais e prodígios pelo nome do teu santo Filho Jesus. E, tendo eles orado, moveu-se o lugar em que estavam reunidos; e todos foram cheios do Espírito Santo e anunciavam com ousadia a palavra de Deus."

Atos 4:29-31 (Grifos do autor)

Devemos perseverar em oração, tendo a consciência de que Deus pode nos responder na primeira vez que orarmos, mas Ele também pode não responder de início. Devemos ser insistentes e não desanimar. Veja o que a igreja fazia antes de receber o Espírito Santo no dia de Pentecostes:

"Todos estes perseveravam unanimemente em oração e súplicas..."

Atos 1:14ª (Grifos do autor)

Devemos buscar com intensidade, não importa o tempo que precisar. Hoje em dia, o dom que eu mais fluo, é o dom que eu mais gastei tempo de joelhos orando por ele.

Outra coisa que pode ajudar muito para receber dons do Espírito Santo é a imposição de mãos. Já citei anteriormente como Timóteo recebeu dons, por meio da imposição de mãos de Paulo e dos presbíteros. Veja como não somente com a oração, mas depois da imposição de mãos, os samaritanos começaram a receber o Espírito:

"Os quais, tendo descido, oraram por eles para que recebessem o Espírito Santo. (Porque sobre nenhum deles tinha descido ainda o Espírito Santo, mas eram batizados em nome do Senhor Jesus.) Então, lhes impuseram as mãos, e receberam o Espírito Santo."

Atos 8:15-17 (Grifos do autor)

Por intermédio da colocação de mãos sobre as pessoas acontece algo como se fosse uma transferência de dons, de unção, de poder etc.

Capítulo 6

Certa vez eu pedi para um pastor da minha igreja, Nivair Borges, orar comigo para me cobrir espiritualmente, porque eu iria começar a anunciar a palavra de Deus em um setor distante da cidade em que morava, e nesse local iria ter que orar por cura, por libertação, por restauração etc. Então o pastor começou a orar comigo, e depois de um tempo ele impôs as mãos sobre minha cabeça, nesse exato momento a palma da minha mão direita começou a queimar, como se estivesse pegando fogo no local.

Depois desse dia, várias vezes que vou orar por cura sobre alguém, a palma da mão volta a queimar. Teve uma vez que fui à UTI de um hospital orar por uma enferma, minha mão esquentou tanto no momento da oração, que a luva que eu usava ficou amarela no local da palma da mão.

Vemos como a imposição de mãos é importante para receber dons espirituais. Tudo isso nos mostra como buscar as manifestações do poder de Deus.

Mas devemos sempre ter consciência que o Espírito Santo dá os dons conforme Ele quer, e que não depende só de nós, nem da nossa busca (1ª Coríntios 12:11), podemos buscar todos os tipos de dons, mas isso não significa que conseguiremos fluir em todos. Ele pode, espontaneamente, pela sua graça, entregar aos purificados:

> *"Mas, pela graça de Deus, sou o que sou; e a sua graça para comigo não foi vã; antes, trabalhei muito mais do que todos eles; todavia, não eu, mas a graça de Deus, que está comigo."*

Atos 15:10

Fruto do Espírito x Dons do Espírito

Tanto a manifestação dos dons, quanto o fruto do Espírito são evidências de uma vida habitada pelo Espírito Santo. Quero,

Dons do Espírito Santo

porém, destacar o quanto o fruto é mais importante do que os dons, em minha opinião.

Foi de propósito que coloquei o capítulo do fruto antes do capítulo sobre os dons.

Volto a citar a frase de R. C. Sproul: "É a evidência do fruto do Espírito que marca nosso progresso na santificação".

Quando ele escreveu essa frase, estava justamente narrando sobre os dons e sobre o fruto do Espírito. Ele destaca que é o fruto que mostra quando estamos progredindo rumo a uma vida em santidade, e isso deve ser objetivo de todo cristão.

> *"Porque não nos chamou Deus para a imundícia, mas para a santificação. Portanto, quem despreza isto não despreza ao homem, mas, sim, a Deus, que nos deu também o seu Espírito <u>Santo</u>."*

1ª Tessalonicenses 4:7-8 (Grifos do autor)

Somos chamados à santidade! No Antigo Testamento, quando Deus dava as instruções de como teria de ser todas as coisas do Tabernáculo, algo sobre a santidade chama a atenção. Arão tinha que estar continuamente com uma peça de ouro amarrada em sua cabeça, escrito o seguinte: 'Santidade ao Senhor', para que tivesse aceitação perante Deus (Êxodo 28:36-38).

Tudo isso mostra como a santidade é algo que devemos buscar com todas as nossas forças para podermos ser aceitos pelo Senhor. E é o fruto do Espírito que irá nos fazer chegar mais perto disso.

Paulo afirmou, em 1ª Coríntios 14:5, "E eu quero que todos vós faleis em línguas estranhas, mas muito mais que profetizeis...". Eu digo: Eu quero muito que todos fluam nos dons espirituais, mas infinitamente mais que tenham o fruto do Espírito.

Capítulo 6

Imagine só: O dono de todos esses poderes morando DENTRO de você! Imaginou?! Agora imagine mais ainda, Ele sendo seu melhor amigo!

O Espírito Santo não é só uma fonte de poder, mas uma fonte de relacionamento!

Capítulo 7

O Deus Espírito Santo

Nos capítulos anteriores, narrei sobre como o Espírito Santo é nosso amigo íntimo, sobre como Ele quer desenvolver em nós o Seu fruto, e sobre como Ele nos ensina a Sua palavra.

Mas existe algo que jamais podemos esquecer: Que Ele é Deus! E ter temor em nossos corações é extremamente importante para não cometermos erros nesse relacionamento.

Primeiramente, vamos fazer uma análise da Trindade:

> *"No princípio, criou Deus os céus e a terra. E a terra era sem forma e vazia; e havia trevas sobre a face do abismo; e o Espírito de Deus se movia sobre a face das águas."*

> *Gênesis 1:1-2 (Grifos do autor)*

> *"No princípio, era o Verbo, e o Verbo estava com Deus, e o Verbo era Deus. Ele estava no princípio com Deus. Todas as coisas foram feitas por ele, e sem ele nada do que foi feito se fez."*

> *João 1:1-3 (Grifos do autor)*

Veja como no início de tudo, a Trindade já estava presente. Interessante afirmar que, nesse tempo, ainda não era Deus Pai, Deus Filho e Deus Espírito Santo, pois Jesus ainda não era filho, não tinha vindo à Terra ainda com o papel de filho de Deus e do homem. Ainda era: Deus, Deus a Palavra e Deus o Espírito (1ª João 5:7).

E na criação, Deus pensava, planejava, e então quando liberava a Palavra, o Espírito se movia, e tudo ia sendo feito. O Senhor

Capítulo 7

simplesmente declarava, "haja luz", "haja firmamento", "produzam as águas", e tudo ia sendo feito, a partir da Palavra (ou Verbo) o Espírito Santo movia-se para fazer.

Quando Deus diz para o homem: "... enchei a terra, sujeitai-a, e dominai..." (Gênesis 1:28), estava exatamente colocando a Palavra com o homem, dando poder a ele. Entretanto com o pecado, tudo isso foi perdido, a Palavra deixou o homem e voltou a ficar apenas com Deus. Então, quando a Bíblia afirma que o Verbo fez-se carne, não era a primeira vez que a Palavra estava com os homens.

Não quero de forma alguma tentar explicar o "mistério da Trindade", pois confesso que não consigo entender como três podem ser um e como um pode ser três, isso vai além da compreensão lógica do homem. Mas eu não preciso entender, eu só preciso aceitar.

O foco principal, porém, é justamente o Espírito do Senhor, precisamos entendê-lo como sendo Deus, e tendo as características do Senhor:

- Onisciência:

> "Senhor, tu me sondas e me conheces. Tu conheces o meu assentar e o meu levantar; de longe entendes o meu pensamento. Cercas o meu andar e o meu deitar; e conheces todos os meus caminhos. Sem que haja uma palavra no minha língua, eis que, ó Senhor, tudo conheces. Tu me cercaste em volta e puseste sobre mim a tua mão. Tal ciência é para mim maravilhosíssima; tão alta, que não a posso atingir."
>
> Salmo 139:1-6 (Grifos do autor)

- Onipresença:

> "Para onde me irei do teu Espírito ou para onde fugirei da tua face? Se subir ao céu, tu aí estás; se fizer no Seol a minha cama, eis que tu ali estás também; se tomar as asas da alva, se habitar nas extremidades do mar, até ali a tua mão me guiará e a tua destra me susterá."
>
> Salmo 139:7-10 (Grifos do autor)

O Deus Espírito Santo

- Onipotência:

> *"Aquele que habita no esconderijo do Altíssimo, à sombra do Onipotente descansará."*

Salmo 91:1

O Espírito Santo sabe de todas as coisas, está em todos os lugares e pode tudo. Foi Ele quem fez a terra e tudo que há nela. Foi Ele quem estava com o povo de Israel fazendo maravilhas, durante os 40 anos do deserto (Hebreus 3:7-9). É no nome dEle também que devemos batizar as pessoas (Mateus 28:19). Então não nos podemos permitir menosprezar a ação do Espírito.

O apóstolo Paulo finaliza sua carta à Igreja de Corinto, fazendo a seguinte saudação final:

> *"A graça do Senhor Jesus Cristo, e o amor de Deus, e a comunhão do Espírito Santo sejam com vós todos. Amém!"*

2ª Coríntios 13:13

Perceba como são importantes essas três coisas citadas, trazendo uma imagem redentora, a graça de Jesus é o que nos salva, é o que nos limpa dos nossos pecados, mesmo não sendo merecedores desse favor. O amor de Deus Pai é o motivo de tudo, de todo sacrifício de Cristo (João 3:16) e, se não fosse esse amor, nós nunca poderíamos ter a chance de sermos remidos hoje. Mas até aqui as pessoas têm entendido de certa forma 'até bem'. Vejo sempre sendo citado nas finalizações dos cultos: "A graça de Cristo e o amor de Deus Pai sejam convosco".

O problema é que parece que elas não dão importância ao terceiro elemento, a comunhão com o Espírito Santo. Quando Paulo cita essas três coisas, eu tenho um entendimento de que ter relacionamento com o Espírito de Deus é tão importante no processo da redenção quanto o amor do Pai e o sacrifício do Filho.

O próprio Jesus Cristo, como já citei em capítulo anterior, discorre sobre o único pecado que não tem perdão: Blasfêmia

Capítulo 7

contra o Espírito Santo. Será que podemos nos dar ao luxo de não valorizá-Lo? Claro que não! Era como se Cristo estivesse falando: "Olha, se blasfemar contra mim eu perdoo, mas se blasfemar contra o meu Espírito, jamais haverá perdão".

Jesus sempre fez grandes milagres e maravilhas, note que seu ministério começa depois do seu batismo, em que o Espírito desce sobre Ele em forma de pomba. Irmão, particularmente, creio que tudo que Cristo fez foi por meio dos dons do Espírito Santo, todas as manifestações, palavras de conhecimento, palavras de sabedoria, dons de curas etc. Ele realmente veio em forma de homem, despindo-se de toda sua glória (Filipenses 2:6-7). Pois sempre deixava bem claro:

> "O Espírito do Senhor é sobre mim..."
>
> Lucas 4:18a
>
> "Mas, se eu expulso os demônios pelo Espírito de Deus..."
>
> Mateus 12:28a

Em Atos 5, é relatada a história de Ananias e Safira, os dois vendem uma propriedade e fazem o compromisso de entregar todo o dinheiro para a igreja, porém eles não fazem isso, veja o que o apóstolo Pedro fala para ele:

> "Disse, então, Pedro: Ananias, por que encheu Satanás o teu coração, para que mentisses ao Espírito Santo e retivesses parte do preço da herdade? Guardando-a, não ficava para ti? E, vendida, não estava em teu poder? Por que formaste este desígnio em teu coração? Não mentiste aos homens, mas a Deus."
>
> Atos 5:3-4 (Grifos do autor)

Como é poderoso Esse Deus que habita em nós! Como poderia o inimigo resisti-lo?

O Deus Espírito Santo

"Então, temerão o nome do Senhor desde o poente e a sua glória, desde o nascente do sol; vindo o inimigo com uma corrente de águas, o Espírito do Senhor arvorará contra ele e sua bandeira."

Isaías 59:19

Devemos amar esse Espírito, devemos honrá-Lo com nossas ações, temê-Lo, e entender o seu agir, permitir que Ele habite em nós, ter um relacionamento verdadeiro e não superficial com Ele, mergulhar na imensidão da sua infinidade. Tê-Lo como nosso melhor amigo, sentir o Seu sopro de vida diariamente, deixar que Ele coloque Suas características em nós, o Seu fruto, pedir que nos revele os mistérios da Palavra, fluir nos Seus dons, e respeitá-Lo como nosso Deus.

Porque tudo que fazemos tem que ser por meio dEle!

"...Não por força, nem por violência, mas pelo meu Espírito, diz o Senhor dos Exércitos."

Zacarias 4:6b